"十四五"时期国家重点出版物出版专项规划项目

2023年国家社会科学基金冷门绝学研究专项项目
"印度国家博物馆藏吐鲁番石窟寺壁画溯源与数字化复原"
(23VJXG063)子课题阶段性成果

丝绸之路
考古史丛书
王冀青 主编

丝绸之路考古学的起源

王冀青 著

读者出版传媒股份有限公司
甘肃教育出版社

图书在版编目（CIP）数据

丝绸之路考古学的起源 / 王冀青著. -- 兰州：甘肃教育出版社，2024.12
（丝绸之路考古史丛书 / 王冀青主编）
ISBN 978-7-5423-5759-5

Ⅰ．①丝… Ⅱ．①王… Ⅲ．①丝绸之路－考古学－研究 Ⅳ．①K928.6

中国国家版本馆CIP数据核字(2023)第209910号

丝绸之路考古学的起源
SICHOUZHILU KAOGUXUE DE QIYUAN
王冀青　著

策　　划	薛英昭　孙宝岩
项目负责	刘正东
责任编辑	伏文东
封面设计	今亮后声

出　　版　甘肃教育出版社
社　　址　兰州市读者大道568号　　730030
电　　话　0931-8436489（编辑部）　0931-8773056（发行部）
传　　真　0931-8435009

发　　行　甘肃教育出版社　印　刷　山东新华印务有限公司
开　　本　880毫米×1230毫米　1/32　印张　10.125　插页　6　字数　170千
版　　次　2024年12月第1版
印　　次　2024年12月第1次印刷
书　　号　ISBN 978-7-5423-5759-5　定价　78.00元

图书若有破损、缺页可随时与印厂联系：0531-82079130
本书所有内容经作者同意授权，并许可使用
未经同意，不得以任何形式复制转载

前 言

从犍陀罗到敦煌

王冀青

本书收录了我的 40 篇短文，曾连载于 2015—2016 年的民革中央机关报《团结报》上。应《团结报》编辑王富聪博士之邀，我于 2015 年 8 月 6 日至 2016 年 5 月 19 日，在《团结报》的"文史周刊"上开辟一个专栏，题为"近代中国文物外流纪实"，每星期四发表一篇文章，每篇长约 2000 字。第 1 篇文章前冠有一段"编者按"，说明该专栏的宗旨："1840 年第一次鸦片战争后，西方列强用坚船利炮打开了清朝的国门，并逐步渗透到神州内地。在近代中国历史上，西方列强不仅从中国攫取了大片领土和大量政治、经济权益，而且也掠走了数目难以统计的历史文物，现主要收藏于欧洲、北美、日本的各大博物馆、图书馆、美术馆中。据不完全统计，近代流散到世界各国的中国文物，总数多达 200 万件以上,其中不乏国宝级文物。从本期开始,我们开辟'近代中国文物外流纪实'专栏,邀请专家解说近代中国文物外流的历史,并介绍一批比较重要的海外藏中国文物。"因我本人侧重研究西域、敦煌考古史,所以由我撰写的专栏文章,主要想讲述丝绸之路沿线新疆、敦煌文物的外流故事。

按照我的原定计划,连载文从19世纪初欧洲人对中国西域文物古迹的关注开始,一直持续到1925年美国哈佛大学福格艺术博物馆第二次中国考察队在敦煌、新疆的考古计划及其失败。但因我自2016年起需将大部分时间用于国家社科基金重大项目"欧洲藏斯坦因新疆考古档案整理与研究"上,当连载到第40篇时,已感力不从心,不得不中断。而已发表的40篇连载文,尚未涉及敦煌莫高窟藏经洞的发现。严格意义上讲,这40篇小文章,均属于近代西域考古学史的范畴。

2023年,甘肃教育出版社副总编辑孙宝岩先生约我主编一套"丝绸之路考古史"丛书,我首先想到的是,应该将这40篇文章结集出版。根据文章的内容,我最初考虑的书名是"西域考古学的起源"。出版社后来申请国家出版基金项目时,为了名称响亮些,最终定名为《丝绸之路考古学的起源》。这里所谓"丝绸之路",当然指的是途经西域的"陆上丝绸之路",与"海上丝绸之路"无关。正如新疆是丝绸之路的核心区一样,"西域考古学"也是"丝绸之路考古学"

的核心部分。但无论是按照"西域考古学"的体系，还是按照"丝绸之路考古学"的体系，已发表的40篇文章在选题上显然存在着漏洞和不足之处。在本书出版之前，我本想写一篇前言，对文集的主旨加以介绍，对明显的漏洞加以弥补，可惜时间有限，只好简单提一下40篇文章的来源。至于文章的标题、格式等等，都尽量保持原样。

众所周知，陆上丝绸之路兴盛于汉唐之际。位于今甘肃河西走廊最西端的敦煌郡（沙州）及其控制的两关（玉门关、阳关），是从丝绸之路河西段进入西域段的重要枢纽。两汉时期的西域南道、北道沿线，魏晋南北朝时期的西域南道、中道和新道沿线，隋唐时期的西域北道、中道和南道沿线，存在过于阗、龟兹、高昌、楼兰（鄯善）等数十个绿洲城邦，拥有星罗棋布的城镇、寺院、驿站、仓库、道路等建筑物，它们维系着丝绸之路的畅通。至唐天宝年间爆发"安史之乱"后，吐蕃势力从南向北陆续占领了陇右、河西和安西四镇，致使陆上丝绸之路长期阻断，海上丝绸之路取而代之。唐朝灭亡后的千年间，原陆路沿线的古代遗址大部分被黄沙湮埋，逐渐被世人淡忘，为后世考古学家保留下大量的文物资源。"丝绸之路考古学"的主要对象，就是这批长期湮没的古代遗址及出土的各类文物。

那么，人类是在什么时候开始发掘陆上丝绸之路沿线的沙埋遗址呢？这要从西方世界兴起的东方学谈起。随着新航线的开辟、新大陆的发现，随着西欧各国向亚洲和北非的扩张，为殖民主义服务的东方学应运而生。以英国为例，1600年东印度公司成立后，在逐渐蚕食印度的过程中，为了加强对这块殖民地的统治，逐渐出现了以印度学为主的东方学。1784年1月15日，英国"东方学之父"威廉·琼斯爵士（Sir William Jones，1746—1794）在加尔各答创建世界上第一个东方学会"孟加拉亚细亚学会"（Asiatick Society of Bengal，简称"亚细亚学会"），其宗旨是"探究亚洲的历史（包括文明历史和自然历史）、文物、艺术、科学和文学"。亚细亚学会的早期会员，都是印度各行各业的行政人员和军事人员。他们利用职务的方便，在印度各地搜寻、调查文物古迹，逐渐走近了丝绸之路沿线。可以说，亚细亚学会的创立，标志着"丝绸之路考古学"进入起源阶段。亚细亚学会的会员们到达印度西北部后，最早关注的丝绸之路遗址，便是位于今巴基斯坦白沙瓦及阿富汗东部地区的犍陀罗（Gandhāra）。

亚细亚学会成立之后，会员们开始探访犍陀罗遗址。1808年，英属印度政府派遣蒙特斯图亚特·埃尔芬斯通（Mountstuart Elphinstone，1779—1859）率领使团出访阿富汗喀布尔。当埃尔芬斯通使团从喀布尔返回印度时，途中代表亚细亚学会，在犍陀罗故地的呾叉始罗附近考察。他们发现一种被称作"塔婆"（Tope）的建筑物，后来被证明就是佛塔（窣堵婆）。埃尔芬斯通使团在呾叉始罗东南方探究的第一座遗址，是马尼加拉（Manikyála）村的"塔婆"。埃尔芬斯通使团从马尼加拉"塔婆"遗址捡拾到一批古代钱币，随后交由亚细亚学会干事霍拉斯·海曼·威尔逊（Horace Hayman Wilson，1786—1860）等人研究。马尼加拉"塔婆"的发现，标志着犍陀罗考古学或佛教考古学的起源。

埃尔芬斯通使团发现马尼加拉"塔婆"后，亚细亚学会会员威廉·摩尔克罗夫特（William Moorcroft，1765—1824）和乔治·特列贝克（George Trebeck）受东印度公司委派，从1819年开始周游旁遮普、阿富汗、克什米尔等地。摩尔克罗夫特在旅行途中调查文物古迹，记录"塔婆"等文物的保存状况，并于1820年再次发掘马尼加拉"塔婆"。摩尔克罗夫特的旅行记录，后来被威尔逊整理成书，书名为《1819—1825年威廉·摩尔克罗夫特先生和乔治·特列贝克先生在兴都斯坦和旁遮普的喜马拉雅山诸省、拉达克和克什米尔、白沙瓦、喀布尔、昆都士和布哈拉的旅行记》。

自马尼加拉"塔婆"被发现之后，各路欧洲人先后在当地开掘了十余座佛塔。从此以后，关于犍陀罗遗址的发现、发掘记录日益增多，"丝绸之路考古学"的第一个分支"犍陀罗学"逐渐形成。佛教艺术是以犍陀罗艺术的形式，经过丝绸之路，传播到西域、敦煌及其以东地区的，"犍陀罗学"是后世研究"丝绸之路考古学""西域考古学""敦煌学"的基础。因此之故，我于1980—1982年将原印度考古局局长约翰·马歇尔（John Marshall，1876—1958）的名著《犍陀罗佛教艺术》翻译成中文，1989年由甘肃教育出版社出版，今年修订再版。

"犍陀罗学"诞生之后，欧洲人又将探究的目光盯向中国新疆的和阗（现称"和田"）地区。最早关注和阗的欧洲学者，是法国汉学家阿贝尔·雷慕沙（Abel Rémusat，1788—1832）。雷慕沙于1814年担任法兰西学院（Collége de France）汉学教授后，首先将清朝赠书《钦定古今图书集成》中的"方舆汇编·边裔典"第55卷"于阗部汇考一、汇考二、纪事、杂录"翻译成法文，于1820年在巴黎出版《和阗城的历史》，实际上介绍了中国古代各类典籍中关于于阗国佛教的史料。雷慕沙《和阗城的历史》是欧洲第一部关于中国新疆于阗古史的著作，标志着"于阗学"（或"和阗学"）的诞生，其涉及范围是以和阗为中心的古于阗国文物古迹。此后，前往和阗周围实地考察古代遗址，是几代欧洲考古学家的梦想。譬如"犍陀罗学"的奠基人之一摩尔克罗夫特，1821年以后通过各种方式窥探和阗一带，他于1821年4月15日在列城写完的《和阗观察记》，是近代西方世界关于塔克拉玛干大沙漠及和阗一带古迹的第一篇报道。

1884年新疆建省后，"西域考古学"的重心由南道古于阗国所在的和阗周围转移到中道古龟兹国所在的库车周围。1890年2月，库车一批觅宝人在库车城以西库木吐喇

（Qumtura）石窟附近，盗掘了一座古代佛塔废墟，挖掘出一批古代写本。1890年2—3月，英属印度陆军中尉军官哈密尔顿·鲍威尔（Hamilton Bower，1858—1940）逗留库车期间，从盗宝者手中买到其中一件56张桦皮页子的古代写本，后称"鲍威尔写本"。孟加拉亚细亚学会负责语言学的干事奥古斯塔斯·弗里德里克·鲁道尔夫·霍恩勒（Augustus Frederic Rudolf Hoernle，1841—1918）对库车文书中的"鲍威尔写本""韦伯写本""马继业写本"等解读后，证明库车文书是当时所知年代最早的梵语、婆罗谜文写本。库车文书的发现与外流，以及霍恩勒等西方学者对它的解读，正式开创了"丝绸之路考古学"体系中的"龟兹学"（或"库车学"）分支，其研究对象是以库车为中心的古龟兹国文物古迹。

1879年9—11月，俄国植物学家阿诺尔德·爱德华诺维奇·李盖尔（Арнольд Эдуардович Регель）潜入吐鲁番盆地考察，成为近代第一个探访吐鲁番盆地古代遗址的欧洲人。1898年，俄罗斯科学院人种学博物馆管理员季米特里·阿列克山德罗维奇·克莱门兹（Дмитрий Александрович Клеменц，1848—1914）领导的考察队再访吐鲁番绿洲。克莱门兹是第一个系统劫掠吐鲁番文物的欧洲人，开创了"丝绸之路考古学"体系中的"吐鲁番学"（或"高昌学""西州学"）分支，其研究对象是以吐鲁番盆地为中心的古高昌国、唐代西州的文物古迹。

1899—1902年，瑞典考古学家斯文·赫定在新疆进行其第三次中亚考察期间，考察队员奥尔代克于1900年3月在罗布淖尔附近发现楼兰遗址，"丝绸之路考古学"体系中的"楼兰学"（或"鄯善学"）分支由此诞生，其研究对象是以罗布淖尔及其周边沙埋为中心的古楼兰国（鄯善国）的文物古迹。

以上所谓"犍陀罗学""于阗学""龟兹学""吐鲁番学""楼兰学"等，因涉及"丝绸之路考古学"的体系划分与分支命名问题，想在此多说几句。当19世纪末"丝绸之路考古学"方兴未艾时，国际学术界就有人试图为这个学科设计一个恰当的名称。亚细亚学会会长霍恩勒于1898年2月2日在学会的"年度祝词"中，总结塔里木盆地的考古活动时，首创"中亚考古学"（Archaeology in Central Asia）这一概念。他说："中亚考古学探险事业方兴未艾，一年比一年兴盛。"这是西方人第一次试图为"丝绸之路考古学"命名。霍恩勒提出的"中亚考古学"概念，一度在欧洲东方学界深入人心。如1902年成立的"中亚与远东历史学、考古学、语言学和民族学探险国际协会"（Association internationale pour l'exploration historique, archéologique, linguistique et ethnographique de l'Asie centrale et de l'Extrême Orient），名称中嵌入的核心学科便是"中亚考古学"。

在中国、日本的"丝绸之路考古学"研究体系中，为了方便起见，还是习惯"以地名学"。最早"以地名学"的学科，当属"敦煌学"。日本语言学家石滨纯太郎（1888—1968）于1925年8月5—8日在大阪怀德堂讲演时，首创"敦煌学"概念，也开创了"以地名学"的先例。石滨在讲演稿《关于敦煌石室的遗书》中，提出"敦煌学"概念时，分"狭义敦煌学"和"广义敦煌学"，其中的"广义敦煌学"包括新疆全境。如石滨于8月8日在第四夜讲演中说："此外，还有新疆省，或广义上所说的中央亚细亚。由于在这里进行了探险，从不同地点都发掘出一些东西，全部与这些敦煌出土物有着紧密的关系，无论如何也无法将它们分开独立讨论。……敦煌学的内容，应该包括因中亚探险而产生出来的全部资料。"近代中亚探险的核心区是塔里木盆地和吐鲁番盆地，因此"敦煌学"的研究范畴要包括新疆在内。

由于命名方法不够严谨，"以地名学"终究会遭遇质疑。以"敦煌学"为例，要想用它概括全部"丝绸之路考古学"，既不符合历史事实，也不符合逻辑。20世纪80年代初，当中国学术界筹建"中国敦煌学会"时，便有学者建议加上"吐鲁番"一名，用以代表新疆的考古学。1983年8月成立的学会，最终名为"中国敦煌吐鲁番学会"。此时，已出现"敦煌学"和"吐鲁番学"比翼双飞的趋势。进入21世纪后，"吐鲁番学"不再依附于"敦煌学"，而是另立门户，这也完全合情合理。很快，"敦煌学"已不能再代表全部的"丝绸之路考古学"，"吐鲁番学"也不能再代表全部的"西域考古学"。毫无疑问，"以地名学"有其金字招牌的实用价值，导致从"敦煌吐鲁番学"系统中，又派生出"于阗学""龟兹学""楼兰学"等名称，而且还有无限扩延的趋势。譬如最近出现的"北庭学"，便是对天山以北吉木萨尔附近唐北庭大都护府文物遗址进行研究的代名称。何况，古代丝绸之路是一条连接欧亚大陆的文化交流线路，在敦煌以东有河西段、陇右段、京畿段等，在新疆以西有中亚段、南亚段、西亚段等，预计将来还会出现更多的地名后缀以"学"的名词。无论如何，要强调一点，所有"以地名学"中的"学"字，实际上就是"研究"的意思，不应成为学科体系中有级别的正式学科名。

在前言的末尾处，我想强调一下本书所收 40 篇文章的宗旨。我于 2016 年 5 月 19 日在第 40 篇文章的最后总结说："新疆是近代中国考古学的起源地，也是近代中国文物外流的重灾区。"回想陈寅恪（1890—1969）于 1930 年发表的《陈垣〈敦煌劫余录〉序》中，记录下当时人的一种说法："敦煌者，吾国学术之伤心史也。"我在讲述"丝绸之路考古学"或"西域考古学"的起源时，不敢忘却因近代新疆文物大规模外流而造成的另一段"伤心史"。希望有生之年，能为促成流失海外的新疆文物尽早回归祖国贡献绵薄之力。

2024 年 12 月 1 日

于兰州大学一分部铁壁斋

目 录

前言：从犍陀罗到敦煌
　　（王冀青）

001 ／ 一　近代中国文物外流的历史背景
010 ／ 二　沙埋古城的最早窥探者摩尔克罗夫特
017 ／ 三　列强"代理人"与塔里木盆地文物古迹
023 ／ 四　约翰逊古茶砖的历史品味
029 ／ 五　阿古柏侵占初期的南疆"觅宝业"
036 ／ 六　最早流入欧洲的"佛塞斯搜集品"
043 ／ 七　孟加拉亚细亚学会与沙乌搜集品
050 ／ 八　当"沙埋古城考古学"走近"丝绸之路"
058 ／ 九　普尔热瓦尔斯基与"罗布淖尔问题"

065 / 十　　　最早探访敦煌莫高窟的欧洲人

073 / 十一　　观"彼德罗夫斯基地图"有感

080 / 十二　　卡瑞考察队在新疆、甘肃的考古旅行

087 / 十三　　新疆考古史上的"达格列什命案"

093 / 十四　　兰斯代尔献给光绪帝的新疆访古记

100 / 十五　　"鲍威尔写本"的发现

107 / 十六　　马继业编织的南疆文物搜集网络

115 / 十七　　在东土寻觅西天梵经的第三次浪潮

123 / 十八　　霍恩勒解读"库车文书"的起始

131 / 十九　　"韦伯写本"的来龙去脉

138 / 二十　　流入圣彼得堡的"喀什噶尔写本"

145 / 二十一　　法国教育部与中国和阗文物

153 / 二十二　　李透代尔夫妇在中国西北的访古之旅

161 / 二十三　　英印政府下达的"中亚文物搜集令"

169 / 二十四　　《点石斋画报》上的斯文·赫定

177 / 二十五　　清朝官员为"英国搜集品"奠基

185 / 二十六　　"格德福雷写本"来源之谜

192 / 二十七　　伴随"马继业写本"而来的"未知文字"

200 / 二十八　　闯入欧洲博物馆的和阗文物赝品

208 / 二十九　　国际东方学家代表大会上的中国文物

216 / 三十　　瑞典传教士在南疆的文物搜集活动

224 / 三十一	戴希与科波尔德在南疆的文物调查
232 / 三十二	克莱门兹与国际"吐鲁番学"的诞生
240 / 三十三	斯坦因制订和阗考古计划的历史背景
248 / 三十四	从保宁莫高窟考古说藏经洞发现时间
256 / 三十五	西方列强争夺新疆文物的国际化进程
264 / 三十六	斯文·赫定考察队发现楼兰遗址的经过
272 / 三十七	八国联军阴影下的斯坦因南疆考古
280 / 三十八	斯坦因审结的伊斯拉姆伪造文物案
288 / 三十九	日本大谷光瑞西域考古活动的缘起
296 / 四十	"国际中亚考古学探险协会"的成立

图版目录

插图 1　世界上第一个东方学会"孟加拉亚细亚学会" …………003
插图 2　1860 年被英军烧毁的圆明园 …………………………008
插图 3　叶尔羌马。据斯坦因研究，叶尔羌马的皮毛系白底黑花，
　　　　今天已很难看到 …………………………………………012
插图 4　塔克拉玛干沙漠里的沙埋古城与觅宝人 ………………015
插图 5　最早外流的新疆特有古钱币种类——汉-佉二体钱，
　　　　又称"和阗马钱" ………………………………………019
插图 6　19 世纪中叶的列城 ………………………………………021
插图 7　1865 年开始侵占新疆的浩罕汗国军官阿古柏 …………024
插图 8　动乱中的和阗居民，不得不饮用沙埋古城出土的千年
　　　　古茶砖 ……………………………………………………027
插图 9　沙乌绘制的《叶尔羌城图》 ……………………………031
插图 10　觅宝人于 1868 年发现的于阗国古都约特干遗址 ……034
插图 11　约特干遗址出土的特色文物，是各种类型的
　　　　　陶塑动物像 ……………………………………………035
插图 12　第一个在新疆境内进行考古挖掘的欧洲人——佛塞斯 …037
插图 13　佛塞斯"使团"成员在新疆拍摄的照片，是有关
　　　　　中国西北的最早影像资料 ……………………………041
插图 14　对佉卢文文书（上）和婆罗谜文文书（下）的追求，

	是导致中国西域文物外流的主要原因之一	045
插图 15	佉卢文和婆罗谜文的解读者——普林塞普	046
插图 16	最早关注塔里木盆地"沙埋古城"的美国人 ——彭普利	052
插图 17	"丝绸之路"概念的传播者——李希霍芬	054
插图 18	李希霍芬于1876年绘制的第一幅丝绸之路地图 《中亚地图》	056
插图 19	近代"三大中亚探险家"之首——普尔热瓦尔斯基	059
插图 20	左宗棠官服照(上)和便服照(下)	061
插图 21	施切尼考察队主要成员:施切尼伯爵(中)、 洛克齐(右)和克雷特奈尔(左)	067
插图 22	施切尼考察队队员克雷特奈尔绘制的莫高窟图	070
插图 23	普氏第三次中亚考察队队员罗伯洛夫斯基绘制的 莫高窟130窟南大像图(左),及其与同像现状(右) 之比较	071
插图 24	"彼德罗夫斯基地插图"全图。上,右起:第1-3幅; 下,右起:第4-6幅	074
插图 25	首任俄国驻喀什噶尔总领事彼德罗夫斯基	075
插图 26	新疆建省前后多次来疆旅行的英国探险家艾里亚斯	082
插图 27	卡瑞考察队看到的于阗县城克里雅	083
插图 28	达格列什侨居叶尔羌时期的莎车直隶州知州衙门	088
插图 29	拒绝受理"达格列什命案"的莎车直隶州知州刘嘉德	091
插图 30	身披中亚武士铠甲、手持利斧的基督教传教士 兰斯代尔	094
插图 31	兰斯代尔献书时的光绪皇帝载湉	097
插图 32	"鲍威尔写本"之一页的正面(上)和反面(下)	103

插图33	"鲍威尔写本"出土于此类古代佛塔废墟的内室中	104
插图34	将马继业带入中国新疆的荣赫鹏	108
插图35	首任英国驻喀什噶尔领事官马继业	110
插图36	马继业在秦尼瓦克逐层垒起的英国驻喀什噶尔政治代表处、领事馆、总领事馆建筑物（上）及其现状（下）	113
插图37	牛津大学比较语言学教授缪勒	118
插图38	缪勒（中）和他的日本弟子南条文雄（左）、笠原研寿（右）	119
插图39	1882年在牛津拜见过缪勒的杨文会	121
插图40	"鲍威尔写本"的第一个解读者达斯	125
插图41	"鲍威尔写本"的第二位解读者比累尔	127
插图42	霍恩勒最终解读"鲍威尔写本"的地点——孟加拉亚细亚学会博物馆	129
插图43	"韦伯写本"的转手之地——列城中心广场，英国驻拉达克专员署和摩拉维亚教会传教站均在此附近	133
插图44	"韦伯写本"转手的见证人——敦莫尔伯爵。英国著名漫画家"间谍"（莱斯列·瓦德爵士）绘制	134
插图45	最早鼓励俄国人搜集塔里木盆地佛教文物的米纳耶夫	140
插图46	近代俄国搜集中国西北文物的主将鄂登堡	141
插图47	法国探险家杜特列·德·兰斯。1892年摄于和阗	146
插图48	杜氏考察团在和阗获取的于阗故都约特干遗址出土小陶塑	149
插图49	法藏佉卢文桦皮写本发现地点阔玛日石窟	150
插图50	终生情深意切、以环球打猎旅行为乐的李透代尔夫妇	154
插图51	1889—1893年任库车直隶抚民厅同知的潘震	157
插图52	老年李透代尔（上）和"李透代尔盘羊"（下）	159

插图 53	下达"中亚文物搜集令"的莫提梅尔·杜兰德爵士	163
插图 54	英国驻吉尔吉特政治代表阿尔格农·杜兰德中校(上)及其官邸(下)	165
插图 55	英国驻奇特拉尔政治代表处所在地	166
插图 56	近代"三大中亚探险家"之二——斯文·赫定	170
插图 57	《点石斋画报》上关于斯文·赫定的报道《沙漠古迹》(金蟾香绘图)	174
插图 58	1897 年 3 月接见斯文·赫定时的李鸿章	175
插图 59	马继业的父亲马格里爵士	178
插图 60	马继业的"教父"曾纪泽侯爵	179
插图 61	马继业夫妇和他们的子女	181
插图 62	卡吉尔附近的苏鲁河谷	187
插图 63	中亚商道上的帕坦商人	188
插图 64	驻和阗的阿富汗商人巴德鲁丁·汗	194
插图 65	和阗觅宝人伊斯拉姆·阿洪	195
插图 66	和阗觅宝人吐尔迪·和卓	196
插图 67	伊斯拉姆伪造的"未知文字"写本,附有他的素描作品	202
插图 68	伊斯拉姆赝品作坊出产的"未知文字"写本散页	204
插图 69	伊斯拉姆赝品作坊出产的"未知文字"雕版印本书	205
插图 70	法藏佉卢文桦皮写本《法句经》残片之解读者塞纳	210
插图 71	"杜特烈·德·兰斯写本"之一页	212
插图 72	俄藏佉卢文桦皮写本《法句经》残片之解读者鄂登堡	213
插图 73	亨德里克斯神父(左二)与马继业(左三)在叶尔羌	217
插图 74	第一个踏足喀什噶尔的瑞典传教士豪伊杰尔	219
插图 75	第一个调查和阗文物赝品案的瑞典传教士巴克隆德	221
插图 76	身穿清朝服装的戴希像	225

插图 77　伊斯拉姆领着戴希考察队走在塔克拉玛干沙漠中 ·········229
插图 78　因诈骗罪被判处一个月枷禁的伊斯拉姆（左二）·········230
插图 79　近代第一个探访吐鲁番遗址的欧洲人李盖尔 ···········233
插图 80　吐鲁番文书的最早搜集者罗伯洛夫斯基（左）和
　　　　　科兹洛夫（右）···235
插图 81　国际"吐鲁番学"的奠基人克莱门兹 ·····················237
插图 82　导致近代中国文物大规模外流的罪魁祸首斯坦因 ·······242
插图 83　鼓励斯坦因赴中国考古的英属印度总督寇松 ···········245
插图 84　为斯坦因和阗考古申请到中国护照的英国驻华公使
　　　　　窦纳乐 ···247
插图 85　最早研究敦煌莫高窟泥塑、壁画的法国人保宁 ·········249
插图 86　保宁在莫高窟制作的《六字真言碣》拓片 ···············252
插图 87　斯文·赫定在罗布淖尔为保宁（中立者）及其考察队
　　　　　拍摄的合影 ···254
插图 88　推动新疆考古国际化的俄国东方学家拉德洛夫（左）
　　　　　和萨勒曼（右）···258
插图 89　德国吐鲁番考察队的发起人格伦威德尔 ···············260
插图 90　1899 年罗马第 12 届国际东方学家代表大会招贴画 ·····261
插图 91　斯文·赫定考察队于 1901 年 3 月发掘楼兰遗址的场景 ···267
插图 92　斯文·赫定在楼兰遗址发现的《三月一日楼兰白书》·······269
插图 93　斯文·赫定所获楼兰汉文文书的考释者孔好古（左）
　　　　　和蔡元培（右）···270
插图 94　将斯坦因引入中国南疆考古的鲍威尔（中立者），
　　　　　也是八国联军侵华的急先锋 ·····························274
插图 95　斯坦因为莎车直隶州知州刘嘉德（中坐者）拍摄的
　　　　　全家福 ···276

插图 96	斯坦因在丹丹威里克遗址二号庙室发现的唐代壁画"龙女像"	278
插图 97	于阗县知县韩瑶光（中坐者）及其僚属	282
插图 98	斯坦因发掘热瓦克佛寺遗址 100 年后，该遗址成为全国重点文物保护单位	283
插图 99	和阗直隶州知州潘震（中坐者）及其僚属	284
插图 100	大谷光瑞于 1902 年 8 月在英国伦敦留影	291
插图 101	渡边哲信（右四）于 1902 年 12 月在新疆和阗玉陇喀什乡留影	293
插图 102	堀贤雄于 1904 年 1 月在甘肃兰州留影	294
插图 103	1902 年汉堡第 13 届国际东方学家代表大会主会场——汉堡音乐厅	297
插图 104	"国际中亚考古学探险协会"俄国中央委员会主席拉德洛夫（右）	300
插图 105	"国际中亚考古学探险协会"芬兰委员会主席多奈尔（上）、法国委员高第（下左）、美国委员夏德（下右）	302

一 近代中国文物外流的历史背景

中华文明绵延五千年,在汉唐之际通过丝绸之路与西方世界紧密相连。但唐朝灭亡后,经济、政治、文化中心逐渐向东、向南转移,陆路交通的地位一落千丈。元朝时虽一度回光返照,也涌现出诸如威尼斯商人马可·波罗东游中国的壮举,但陆路交通衰败的颓势毕竟已不可逆转。明、清两朝,闭关自守成了中国社会历史的主旋律。

寻找中国是15世纪欧洲社会的共同愿望,而1298年成书的《马可·波罗游记》最终被尊为西方人走向东方的指南书。地理大发现后,欧洲人争先恐后地在印度登陆,走近久违了的中国。进入殖民主义时代的西方列强,在武力征服东方的过程中相互竞争,最终形成英、俄两大势力。

伴随着西方各国向东方的殖民扩张,与之相适应的"东方学"也应运而生。1784年1月15日,英国"东方学之父"

威廉·琼斯在英属印度孟加拉省首府加尔各答创建世界上第一个亚洲研究机构"孟加拉亚细亚学会"，其宗旨是"探究亚洲的历史（包括文明历史和自然历史）、文物、艺术、科学和文学"（插图1）。1814年，孟加拉亚细亚学会在加尔各答创设博物馆（今印度博物馆的前身）。长期与英国为敌的俄国，到19世纪初也开始大力发展其东方学研究。1818年，俄罗斯帝国科学院在首都圣彼得堡创建亚洲博物馆（今俄罗斯科学院东方写本研究所的前身）。英国人和俄国人充满觊觎的目光，牢牢盯上了中国的历史和文物，尤其是中国西部的文物。

近代学术史显示，东方学的发展，必须与地理学相互配合，相辅相成。1821年12月15日，法国人在巴黎创建了世界上第一个国家级地理学会"巴黎地理学会"。1822年4月1日，法国人又将孟加拉亚细亚学会的模式移植到巴黎，创建了欧洲境内的第一个亚洲研究机构"法国亚洲学会"。面对法国人的挑衅，前孟加拉亚细亚学会会长亨利·托马斯·考尔布鲁克于1823年3月15日召集英国一批东方学家，在伦敦成立"皇家亚细亚学会"。此后，欧美各国的亚洲学会或东方学会纷纷建立，但皇家亚细亚学会始终是世界上最大的东方学会。

巴黎地理学会成立之后，英国人也于1830年5月24日创建"伦敦皇家地理学会"。在此前后，欧美各国的地理学

插图 1　世界上第一个东方学会"孟加拉亚细亚学会"

会纷纷建立，但伦敦皇家地理学会始终是世界上最大的地理学会。1838年，伦敦地理学会开始颁发两枚年度皇家金质奖章，即"创建者奖章"和"庇护者奖章"，奖励世界各国的探险家。近代大部分在中国西北进行过考古学探险的文物搜集者，都是二奖得主。

1840年，英国发动了第一次鸦片战争。根据1842年8月签订的《中英南京条约》，中国被迫割地赔款，香港受英国殖民统治。1844年，沙俄政府多次下令，督促驻亚洲各地的所有领事官都积极搜集古代东方语言写本和文物。1845年8月18日，"俄罗斯帝国地理学会"成立，除研究俄罗斯地理外，其"第二等最重要的任务是研究外国，首先是那些与俄罗斯接壤的国家，譬如土耳其、波斯、中国等等"。1846年，"俄罗斯帝国考古学会"成立，其中最重要的分支机构是东方考古分会，负责搜集中国文物。

英国霸占香港后，于1844年任命汉学家、外交官德庇时为英国驻华全权公使、商务正监督、香港总督兼英军总司令。德庇时离英赴港前夕，拜访了研究法显《佛国记》的皇家亚细亚学会会员威廉·亨利·塞克斯，请教在华应从事哪些业余文化工作。塞克斯建议德庇时设法调查、搜集法显等人从印度带回中国的"巴利语"佛教典籍的下落。德庇时到香港后，将调查工作委托给了他的秘书——德国裔传教士汉学家郭施拉。郭施拉接受任务后，在广东沿海一带调查汉文佛典状况，编成《用汉文写成的来自巴利语的主要佛教著作目录》，后由塞克斯整理刊布。这是近代史上英国人第一次在中国境内实地调查文献类文物的活动，主要兴趣点放在法显获自印度的佛教文献上，但没有实质性收获。

1846年，参与创建皇家亚细亚学会的英国汉学耆宿小斯当东给德庇时写信，提出有关中国的33个问题，其中第29个问题是："是否能够遇到任何种类的古代遗迹或古物？"德庇时收到小斯当东33问后，又委托郭施拉进行答复。郭施拉写成《对小斯当东爵士于1846年提出的有关中国的问题之答复》的文章，于1847年1月16日在皇家亚细亚学会宣读。这是英国人第一次对中国文物古迹状况进行问卷调查。但郭施拉的答复文也反映出当时西方人对中国文物古迹的了解非常片面。为应对来自皇家亚细亚学会的不断要求，德庇时于1847年1月19日在香港成立"英国皇家亚细亚学会中国分会"，自任会长。中国分会成立后，曾开始全面调查包括中国文物在内的70个问题。但随着德庇时于1848年去职，这些调查工作没有完成。

1851年1月，太平天国革命爆发。太平天国对中国传统文化持排斥态度，1853年1月定都天京（南京）后，曾下令"凡一切孔孟诸子、百家妖书邪说者，尽行焚除，皆不准买卖藏读也，否则问罪也"。在太平天国统治的中国东南地区，大量儒、佛、道三教文物和图书遭到焚毁。这一文化劫难，也为正在觊觎中国文物的西方列强提供了机会和口实。

1854年初，英国政府任命另一学者型官员包令为英国驻华全权公使、商务正监督、香港总督兼英军总司令。由于包令还自动兼任了由德庇时创建的皇家亚细亚学会中国分会会长一职，他在离英赴华就职前夕，也专程拜访了皇家亚细亚学会理事长、东印度公司图书馆馆长霍拉斯·海曼·威尔逊，请示到华后应为皇家亚细亚学会承担哪些工作。当时威尔逊已开始研究玄奘及其《大唐西域记》，于是他向包令建议，如能在中国的佛寺中找到玄奘从印度带回中国的"凡五百二十夹、六百五十七部"梵语佛经，那将会对印度学研究做出巨大贡献。

包令到达香港后，忙于侵华事务，无暇亲自寻找玄奘遗经，只能将此事委托给英国驻华商务监督署秘书、皇家亚细亚学会中国分会干事麦华佗，麦华佗又将这项工作委托给了他父亲麦都思。身居上海的伦敦会传教士麦都思，在驻上海另一传教士艾约瑟等人的帮助下，对玄奘所取梵语佛经下落进行了调查，自然不会有结果。1854年内，包令又派遣麦华佗等人深入到太平天国统治区域，搜集到3批汉文佛教典籍，均由包令出面转寄给了威尔逊。太平天国时期英国皇家亚细亚学会在中国东南沿海地区进行的这次文物搜集活动，确证法显、玄奘等僧侣从印度带回的梵语写本原典已难觅踪迹，这令欧洲印度学界和中国学界大失所望，也不得不将搜寻同类文物的目光转向中国内地。

包令到任两年后,于1856年10月借"亚罗号事件"发动了第二次鸦片战争。1857年,英国政府免去包令在华的所有职务,改任前牙买加总督、加拿大总督额尔金伯爵为驻华全权公使,从英国率海军驰援中国战场。额尔金出身于英国一个酷爱文物收藏的贵族世家,其父老额尔金伯爵曾在英国驻奥斯曼土耳其帝国大使任内(1799—1803年),将雅典卫城帕特农神庙等地的大批古希腊雕塑艺术珍品切割下来,盗运至英国伦敦。额尔金有这样特殊的家庭背景,从牙买加、加拿大等地区转到文明古国中国后,其抢夺文物的动机可想而知。

额尔金到香港后,迅速组建了英法联军,并于1858年5月20日攻陷天津大沽炮台,迫使清政府于1858年6月签订《中英天津条约》和《中法天津条约》。1860年10月6日,英法联军攻占北京圆明园,开始在圆明园大肆抢劫,可移动之珍贵文物被抢劫一空,不可移动之宏伟建筑也遭彻底破坏。西方列强利用战争手段抢劫中国文物,此后成为常态。为了掩盖抢劫罪行,额尔金令英军于1860年10月18—19日纵火焚烧圆明园。圆明园这座举世无双的皇家园林和艺术殿堂,从此化为废墟(插图2)。

当包令于1858年离开香港后,在香港存在了12年的皇家亚细亚学会中国分会于1859年9月宣告解散,由裨治文、

插图 2　1860 年被英军烧毁的圆明园

艾约瑟等人于 1858 年 9 月 21 日在上海组建的"皇家亚细亚学会北华分会"取而代之。

1860 年 10 月，中英、中法互换《天津条约》，签订《北京条约》。《天津条约》和《北京条约》特别规定，外国人得以持护照前往中国内地游历、通商、传教，沿途中国地方官不得拦阻。1861 年 1 月，清朝设立主管洋务的"总理各国事务衙门"。同年 3 月，各国驻华公使开始驻节北京。从此以后，清朝国门洞开。各国探险家在各类东方学会、地理学会的支持下，开始利用不平等条约的保护，打着游历、通商、传教的幌子，进入中国内地调查汉唐遗物和法显、玄奘足迹，并搜集中国可移动文物。近代中国文物大规模外流的悲剧，拉开了沉重的帷幕。在后续各节中，我们将以新疆考古学的起源为例，选择一批具有代表性的案例，为读者简述一部中国文物外流的"伤心史"。

原题《近代中国文物外流"伤心史"》。
原载《团结报》2015 年 8 月 6 日第 8 版。

二
沙埋古城的最早窥探者摩尔克罗夫特

以探究亚洲历史、文物为己任的孟加拉亚细亚学会，自1784年1月15日在英属印度加尔各答成立之日起，长期秉承利用业余时间搜集文物、研究学问的原则，几乎算得上是一个业余文物爱好者协会。从会长到普通会员，都是活跃在英属印度工、商、军、政、学等界的英国人，都有自己的本职工作。譬如琼斯是加尔各答高等法院推事法官，考尔布鲁克是地方行政长官，威尔逊是加尔各答铸币厂的试金化验师。全体会员驻扎在英属印度各地，在工作之余，利用职务之便，全凭自己的爱好，搜寻、发现、研究文物古迹，从中得到乐趣。到19世纪初，该学会迎来了一位"兽医"会员。这位会员第一次将文物搜集的目光从印度本土转向了中国的塔里木盆地，他的名字叫威廉·摩尔克罗夫特。

摩尔克罗夫特于1765年前后出生于英国兰开夏郡，年轻时曾在英国、法国学习兽医，1808年到英属印度谋职。摩尔克罗夫特到达印度之初，先在加尔各答的东印度公司驻孟加拉军队中担任兽医，后主管东印度公司设在巴特那附近的普萨种马场，负责为东印度公司的军队培育骑兵用马。摩尔克罗夫特也有旅行和搜集文物的业余爱好，到达印度后不久便参加了孟加拉亚细亚学会的活动。

摩尔克罗夫特在育马过程中发现，当地土马体质孱弱，必须要与中亚良种突厥马杂交后，才能筋骨强健。摩尔克罗夫特首选的良种突厥马，是中国新疆的叶尔羌马（插图3）。为了寻获叶尔羌马，摩尔克罗夫特极力主张东印度公司尽快开通印度与中国新疆之间的贸易通道。为此目的，摩尔克罗夫特在东印度公司的同意下，从1811年开始，连续不断地在当时尚属中国西藏管辖的拉达克（小西藏）以及尚属锡克王权统治的克什米尔等地考察。在考察过程中，摩尔克罗夫特还接受孟加拉亚细亚学会的委托，肩负着搜集古物和古书的重任。

1811—1812年，摩尔克罗夫特作为第一个翻越喜马拉雅山脉的英国人，以拉达克首府列城为基地，考察了位于喜马拉雅山脉与昆仑山脉之间的河流与地势。摩尔克罗夫特本想从列城向北越喀喇昆仑山进入中国新疆，但由于清朝新疆地方政府禁止欧洲人入境，使他的企图落空。不过，摩尔克罗夫特还是成功地派遣他的土著仆人米尔·伊泽特·奥拉赫，

插图 3　叶尔羌马。据斯坦因研究，叶尔羌马的皮毛系白底黑花，今天已很难看到

于 1812—1813 年混入新疆叶尔羌、喀什噶尔等地进行调查活动，为他搜集到一批情报。

1819 年，摩尔克罗夫特返回拉达克列城，决定再次尝试经西藏进入新疆叶尔羌。由于当时垄断中亚贸易的克什米尔商人从中作梗，新疆地方政府一直拒绝摩尔克罗夫特入境，摩尔克罗夫特只好在列城长期等待。东印度公司不同意摩尔克罗夫特长期请假，因而停发了他的工资和津贴。摩尔克罗夫特在列城一直等到 1822 年 9 月，一边靠行医维持生计，一边从来往于列城的新疆商人那里打听有关新疆的各种信息，窥探喀喇昆仑山口以北的新疆和阗地区。

摩尔克罗夫特在旅行过程中，不断将他所获情报写信告诉朋友，还将一些重要的情报整理成专题文件，以备日后公布之用。其中最著名的一份文件，是摩尔克罗夫特根据道听途说获得的信息，于 1821 年 4 月 15 日在列城写完的《和阗观察记》。这是近代西方世界关于塔克拉玛干大沙漠及和阗一带的第一篇报道。

在《和阗观察记》中，摩尔克罗夫特第一次记录了和阗境内的沙埋城市："去过和阗的旅行者都知道，那里的一座大城市已被埋在流沙之下。为我提供消息的人也证明了这是事实，虽然他并不知道这座被沙子湮埋了的城市的名称，也不知道这个事件发生的年代及发生的方式。他是一个极喜欢打探消息的人，也是一个极其聪明的人，对于这一问题竟会漠不关心，那主要是由于中国政府有法律和政策的缘故。按照那些政策，任何胆敢为了寻找宝藏而挖掘沙埋城市遗址的人都会受到严惩。即便是仅仅打听一下沙埋古城的事情，也并非没有危险。"这段记录，是近代西方有关和阗地区沙埋古城的最早报道。

摩尔克罗夫特北望和阗之际，恰逢塔克拉玛干沙漠的流沙进入一个大转移的时期。许多已被埋在流沙下长达近千年时间的汉唐古城遗址，陆续暴露在外（插图 4）。沙漠南缘和阗一带的绿洲居民，偶然能在沙埋古城中捡拾到一些金、银、玉器，或是一些仍有实用价值的东西。于是，从和阗一带开始兴起了"觅宝业"，很多无业游民变成了"觅宝人"。摩尔克罗夫特本人虽未亲眼目睹，但他根据间接资料记录下的一些细节，肯定是真实的。他说清朝政府有严厉的法律和政策，惩罚因觅宝而挖掘沙埋古城遗址的活动，甚至不允许打听沙埋古城的事情。这一方面暗示，早在 19 世纪 20 年代前后，已有"觅宝人"企图挖掘沙埋古城。另一方面也说明，"觅宝业"当时还受到严格的限制，尚未达到严重泛滥的程度。

当摩尔克罗夫特看到进入新疆无望时，便于 1822 年 11 月 3 日从列城进入克什米尔游历，主要调查开司米山羊绒披巾的制作工艺。摩尔克罗夫游历期间，虽然没有搜集到新疆文物，但却在克什米尔为孟加拉亚细亚学会搜集到一部重要

二 沙埋古城的最早窥探者摩尔克罗夫特 | 015

插图 4 塔克拉玛干沙漠里的沙埋古城与觅宝人

的叙事诗体梵语历史著作《罗阇塔兰吉尼》(意译《克什米尔诸王编年史》)的完整抄本。该书至今仍被公认为是南亚仅存的梵语历史文献,内容涉及克什米尔历史上与中国等国的关系,作者是12世纪的克什米尔人喀尔哈那。我们可以推知,假如摩尔克罗夫特进入塔里木盆地的计划得逞,不仅叶尔羌马会被掳往印度和英国,新疆沙埋古城出土的文物外流的时间也许会大大提前。

由于克什米尔大君的非难,摩莫尔克罗夫特于1824年离开克什米尔,拟经阿富汗喀布尔去中亚布哈拉汗国,再试图经布哈拉进入新疆。但摩尔克罗夫特离开克什米尔后,从此失联,下落不明。直到1827年,东印度公司的孟加拉政府才获悉摩尔克罗夫特已经死亡的消息,于是派人调查。关于摩尔克罗夫特的死亡时间、地点和原因,历来有不同说法。一般认为,摩尔克罗夫特是1825年8月在布哈拉以南某地被清朝政府派人刺杀的,但从未有人提出过明确的证据。摩尔克罗夫特死后,他遗留下的文件和手稿,作为印度政府的财产,先转交给孟加拉亚细亚学会保存,后入藏伦敦的印度厅图书馆,现藏英国国家图书馆。

原载《团结报》2015年8月13日第8版。

三 列强"代理人"与塔里木盆地文物古迹

英国在中国东南沿海发动了第一次鸦片战争后,又于1846年侵占了克什米尔和拉达克。1847年8月,英属印度政府派遣孟加拉亚细亚学会博物馆馆长托马斯·汤姆森等人勘定拉达克边界线。汤普森于1848年初擅自越过喀喇昆仑山口,成为第一个潜入中国塔里木盆地的英国人,但他并没有走到任何居民点。

1856年第二次鸦片战争爆发后,已逼近中国西陲边境的俄国人和英国人都发现,清朝政府虽严禁欧洲人进入新疆,但却无法阻拦穆斯林商人在中国新疆、英属印度、俄属中亚之间来来往往做生意。于是,俄国、英国不约而同地采取"瞒天过海"之计,即物色一些土著知识分子充当自己的"代理人",装扮成商人模样混入新疆,搜集各类情报,包括文物古迹方面的情报。

第一个搜集塔里木盆地文物情报的俄国"代理人",是俄属中亚哈萨克斯坦人乔坎·成吉索维奇·瓦里汉诺夫。瓦里汉诺夫于1856年第一次化装成商人模样,潜入中国北疆固勒札(今新疆伊宁市)等地考察。1858年10月至1859年3月间,瓦里汉诺夫又潜入南疆各地,搜集到一批历史资料和古钱币资料。瓦里汉诺夫在其《论中华帝国的西域地区》一文的手稿中,记录了南疆的一些具体的古代佛教遗址。该文在描述库车佛教石窟寺时说:"在这些山里,有许多石窟,夏季可以看到它们的光芒。在其中一个石窟中,雕刻有佛教偶像。它们的年代可以追溯到唐代。"不过,瓦里汉诺夫在新疆的秘密活动,长期不为世人所知。直到1962年,当苏联学者在阿拉木图发现并刊布他的这篇手稿后,他才被认定为第一个调查新疆文物的外国人。至于瓦里汉诺夫在南疆搜集到的古代钱币,应该算是近代外流到俄国的第一批新疆文物。可惜,这批古钱币早已下落不明(插图5)。

第一个搜集塔里木盆地文物情报的英国"代理人",是英属印度土著穆斯林知识分子阿布杜尔·哈米德。1855—1865年,印度大三角测量局实施了一项克什米尔地图绘制10年规划项目,项目总负责人是托马斯·乔治·蒙哥马利。在该项目的后半期(1860—1865年),测绘范围已侵入中国新疆。此时,《天津条约》和《北京条约》虽已生效,但欧洲人想进入中国西境实施测绘,仍很困难。于是,蒙哥马利于

三 列强"代理人"与塔里木盆地文物古迹 | 019

插图 5 最早外流的新疆特有古钱币种类——汉-佉二体钱，又称"和阗马钱"

1862年7月21日给孟加拉亚细亚学会写信，建议物色一位来自印度西北部的穆斯林土著职员，代替英国人潜入新疆测绘。在孟加拉亚细亚学会的支持下，旁遮普省政府物色土著雇员哈米德为培养对象。

哈米德在经过蒙哥马利的短期训练后，于1863年8月23日离开拉达克首府列城（插图6），扮作商人，跟随一支拉达克商队，越过喀喇昆仑山口，于9月30日到新疆达叶尔羌。此后半年间，哈米德潜伏在叶尔羌，利用夹带来的小型测绘仪器，偷偷摸摸地进行天文观测和其他考察活动，并绘制了一幅地图。哈米德在叶尔羌逗留期间，还通过他的仆人以及他在当地发展的眼线，搜集到许多有关南疆其他地区的情报。哈米德搜集到的有关和阗的情报中，涉及当地的文物出土情况。哈米德本打算于1864年初从叶尔羌转往和阗考察，但他昼伏夜出的鬼祟行为很快引起清朝地方官府的怀疑。于是，哈米德于1864年3月27日向南落荒而逃，急忙撤回到拉达克一侧。哈米德一路上饥不择食，刚到拉达克就因食用野生大黄而中毒身亡。

正在拉达克测绘地图的印度大三角测量局助理测量员威廉·约翰逊听说哈米德的死讯后，立即调查他的死因，并接管了他的遗物。1865年初，正准备返回英国疗养的蒙哥马利，收到哈米德的遗稿，遂带回伦敦进行整理和研究。1865年5月22日，蒙哥马利因其测绘团队将测绘范围伸向了喀

三 列强"代理人"与塔里木盆地文物古迹 | 021

插图 6 19 世纪中叶的列城

喇昆仑山脉，而被伦敦皇家地理学会授予"创建者奖章"。其中，"代理人"哈米德为他立下的"功劳"不容忽视。蒙哥马利为了纪念哈米德，利用哈米德所获情报撰写了一篇题为《论叶尔羌以及中亚其他地点的地理位置》的长文，于1866年5月14日在皇家地理学会宣读，基本上将哈米德所获资料公布殆尽。

哈米德在一篇关于和阗的情报记录中说："和阗位于叶尔羌以东，相距仅有大约8—9天的路程，是一个地区的名称。据说以前该地区包括7大城市，但大沙漠的沙子似乎侵吞了它们，只留下3座稍微大一些的城市。该地区的古都和阗城，早就被沙子湮没了，其故址离今天的首府伊里齐不远。据伊里齐的居民说，在过去的几年里，当狂风大作的时候，和阗的一些古代房屋便暴露出来，他们常常能够挖出各种各样的、曾经被埋藏着的东西。由此可见，似乎城市是在居民还没有来得及将财产转移出去之前，突然被沙埋藏的。但不管情况怎样，城市是不复存在了。"哈米德的记录虽然很简略，但从中可以看出，此时和阗地区挖掘沙埋古遗址的觅宝活动，已经兴盛起来。这条情报让英国人乃至整个西方世界确信，在南疆和阗以北的大沙漠之下，肯定埋藏有遗址和文物。

原载《团结报》2015年8月20日第8版。

四
约翰逊古茶砖的历史品味

哈米德死后，中国新疆天山南北开始了近代历史上最大的一场灾难。在太平天国运动的影响下，1862年爆发了陕甘回民起事。在陕甘回民起事的刺激下，新疆各地从1864年夏季开始动乱，各绿洲的地方土豪乘机拥兵自立。在和阗，年届八旬的当地教首虎必布拉也不甘寂寞，做起了割据称王的春秋大梦。虎必布拉曾于1861年途经英属印度前往麦加朝觐，1863年又取道俄属中亚返回和阗，见过了世面，也产生了亲英倾向。南疆动乱开始后，虎必布拉率众推翻清朝地方官府的统治，遂被推举为和阗"帕夏汗（王）"。

但好景不长，虎必布拉很快就遇到了存亡危急。在南疆动荡过程中，中亚浩罕汗国军官阿古柏于1865年2月率军侵入喀什噶尔等地。虎必布拉担心阿古柏攻打和阗，恐惧中想到了寻求英国人援助的主意（插图7）。

插图7　1865年开始侵占新疆的浩罕汗国军官阿古柏

虎必布拉首先派人赶修了一条从和阗通向昆仑山脚下的"帕夏之路",沿途设有路标、驿站、哨所等,企图在必要时与英属印度互联互通。与此同时,虎必布拉还派出一些"信使",带着他签发的"邀请函",蹲守在拉达克列城,企图引诱英国人到访和阗。虎必布拉的思路是:一旦有英国人上钩,便将其当做人质软禁,以迫使英国人答应出兵,或提供武器。"信使"们在列城守株待兔,终于等到一位不安分守己的英国人,他便是一年前调查过哈米德死亡案的印度大三角测量局助理测量员威廉·约翰逊。

约翰逊于1865年7月重返列城后,很快就接到虎必布拉的"邀请函"。身为伦敦皇家地理学会会员的约翰逊,抵不住异域和阗的诱惑,在未经上司同意的情况下,擅自进入中国境内。约翰逊在"信使"的带领下,边走边测绘,于1865年9月18日到达和阗首府伊里齐,成为近代历史上第一个到达塔里木盆地绿洲居民点的欧洲人。

约翰逊在伊里齐逗留期间,与虎必布拉同吃同住,天天会面,竟成好友。约翰逊到和阗之初,曾计划搜集当地的古代钱币、文献资料等文物。据他在游记中说:"我竭力想搜集古代的钱币与文献资料,但是人们告诉我说,在伊里齐和叶尔羌是得不到这些东西的,这些东西只能在喀什噶尔搞到。喀什噶尔是一座古城,是未被沙漠湮埋而有幸保存下来的城市之一。"约翰逊无法西去,只好放弃计划。但他在虎必布拉的安排下，还是在和阗周围及其以东地区考察一番，最远走到克里雅（后来的于阗县城）。

约翰逊在旅行途中，不断打听和观察古迹，并购买了一块沙埋古城出土古茶砖。他在游记中记录说："在伊里齐东北方6英里（1英里约等于1.6公里）处，是塔克拉玛干（戈壁）大沙漠。沙漠的流沙，以压倒一切的巨大威力，向前滚滚移动，据说曾在24小时之内湮没过360座城市。……当我在伊里齐居住的时候，人们从这些被埋葬了的诸城中的一座城里，挖掘出了茶砖，我还买走了一块茶砖的样品。当地人相信，这种茶砖的年代非常久远。据报告说，在一些沙埋的城市中，还发现了重达4磅的金币和其他东西。但是，只有极少数人才知道这些城市的位置，他们为了自己发财，不向别人透露秘密。唯一为大家共知的城市，就是那座曾经发现有极大数量茶砖的城市，这座城市位于玉陇喀什以北1英里处。由于当地与中国内地的一切贸易都已经中断，发掘出来的茶砖在市场上很畅销。"（插图8）

约翰逊购买古茶砖的目的并不在于收藏，而是想为英属印度提供经贸情报。他在和阗逗留期间发现，当地居民喜食肉类，需借茶助消化，因此个个嗜茶如命。而自从中国西北动乱以来，内地茶源断绝，当地茶民苦于无茶可饮，只得从沙埋古城中挖掘千年古茶来当代用品。约翰逊的第一反应是，若能将印度茶引进和阗，必有市场。他在游记中说："我在和阗时获悉，自从与中国内地的贸易断绝以来，当地对茶

四 约翰逊古茶砖的历史品味 | 027

插图 8 动乱中的和阗居民，不得不饮用沙埋古城出土的千年古茶砖

的需求量极大。如果可以买到的话，当地人民将非常乐意购买印度茶。和阗的居民都是大茶鬼。所有来拜访我的人，无论是贫是富，都要讨一杯茶喝，他们喝茶时加糖不加奶。当我第一次与和阗汗（虎必布拉）晤面时，他亲自给我斟了一杯茶，以示敬意。砖形的茶尤其受到青睐。"

约翰逊在和阗逗留16天后，强烈要求回国。虎必布拉此时也改变了主意，打算放了约翰逊，帮自己寻求印度的救兵和武器。1865年10月4日，约翰逊赶着虎必布拉送给他和英属印度总督的5匹叶尔羌马，还有一块古茶砖，离开了和阗。约翰逊返回印度后，因未经许可擅自越境进入中国，还插手政治、外交事务，受到英属印度政府的严斥，被迫辞去公职。苦苦等候约翰逊回信的虎必布拉，于1866年12月被兵临城下的阿古柏诱捕，并于1867年1月被杀。

丢掉饭碗的约翰逊，在郁闷中于1866年4月22日完成了他写给伦敦皇家地理学会的旅行报告书，题为《赴中国鞑靼和阗首城伊里齐的旅行报告书》，随后寄回伦敦。1866年11月12日，皇家地理学会开会讨论了约翰逊报告书，后将其发表在《皇家地理学会会刊》第37卷（1867年卷）的首篇位置上。约翰逊报告书是近代历史上欧洲人撰写的第一篇关于塔里木盆地考古的实地考察报告书。

原载《团结报》2015年8月27日第8版。

五 阿古柏侵占初期的南疆"觅宝业"

阿古柏于 1866 年侵占和阗后，继续攻城略地，于 1867 年成立伪政权"哲德沙尔国"（七城国）。在阿古柏侵占塔里木盆地期间，清朝法律荡然无存，私挖古城不受任何限制。从和阗开始兴起的觅宝业，开始蓬勃发展。但由于沦陷初期进入塔里木盆地的外国人只能获准前往叶尔羌（今莎车县）和喀什噶尔，不能向东前往和阗方向，因此和阗文物只存在于此时期外国人的记录当中。

约翰逊向西方传递了塔里木盆地缺茶的商业情报后，首先引起了英属印度茶叶种植园主罗伯特·沙乌的注意。沙乌于 1859 年从英国移居到喜马拉雅山脚下的康格拉谷地，在这里种植茶叶。当他看到约翰逊报告书后，决定带一批茶叶前往塔里木盆地销售。沙乌受过高等教育，也想顺便沽名钓誉，争当第二个进入塔里木盆地绿洲的英国人，还要当第一个从塔里木盆地向外界写信的英国人。

1868年9月20日，沙乌从列城起程，带着一批印度茶，夹带一些小型仪器，前往塔里木盆地。他边走边测绘，逐步来到了绿洲地带，于1868年12月8日到达叶尔羌，于1869年1月11日到达喀什噶尔，成为第一个到达这两座城市的英国人（插图9）。

沙乌及其手下在旅行期间，对古物、古书之类也有所关注。据沙乌1869年1月8日日记记载："今天，我的蒙师（秘书）向我出示了一部写本书，这部书是他在我们的居住地克孜勒（今属英吉沙县）偶然捡到的。这部写本书很古旧，用突厥语写成，但我仍可以辨认出书的内容。它讲述的是从第一个穆斯林来到这里时开始的新疆历史。这部书也许非常有意义。"沙乌通过其秘书获得的这部古书，即米尔扎·海达尔于1547年编著的《拉失德史》。这部重要的古代新疆历史典籍的抄本，从此开始流向西方。

沙乌沿途卖掉茶叶后，转而对政治产生了兴趣。他到达喀什噶尔后，多次与阿古柏密谈，劝阿古柏派"使臣"访问英属印度，以取得英国的支持。沙乌达到自己的目的后，于1869年3月返回印度，接着返回英国。

几乎与沙乌的旅行同时，驻印英军测量员乔治·海华德也以"伦敦皇家地理学会特派员"身份，于1868—1869年在塔里木盆地进行考察。海华德于1868年12月25日到达叶尔

五　阿古柏侵占初期的南疆"觅宝业"　｜　031

插图 9　沙乌绘制的《叶尔羌城图》

羌，于1869年3月5日到达喀什噶尔，成为继沙乌之后第二个到达这两座城市的英国人。海华德在旅行中，也对文物古迹有所留意。他根据传闻，在游记中提到了和阗的沙埋古城："喀拉喀什河绕着这一大片无人居住的地区而流。河中发现过金子，据说是河水从塔克拉玛干沙漠中埋藏的宝库中冲刷出来的。"海华德完成考察后，于1869年5月30日离开叶尔羌，于6月24日返回拉达克。1869年12月13日，海华德在伦敦皇家地理学会上宣读了他的论文《从列城到叶尔羌和喀什噶尔并且考察叶尔羌河河源地区的游记》。因为这次旅行，海华德获得1870年度皇家地理学会的"创建者奖章"。

遵照沙乌的建议，阿古柏于1869年派侄子茂沙沙做为"使臣"访问英属印度，请求英国的支持。于是英属印度总督马约勋爵决定派前旁遮普专员托马斯·道格拉斯·佛塞斯率英国"使团"回访喀什噶尔。当时正在伦敦的沙乌听到消息后，立即打电报毛遂自荐，获准加入"使团"。

由佛塞斯、沙乌等人组成的英国"使团"，于1870年8月3日到达叶尔羌，但未能见到正在吐鲁番一带打仗的阿古柏，只好于1871年初暂回印度。第一次进入塔里木盆地的佛塞斯，虽有意调查和阗古茶砖之类的出土物，但只听说"这种挖掘出来的茶叶，可以在叶尔羌的巴札上看到"，而无暇究其来源。而第二次进入塔里木盆地的沙乌，则随处打听有关沙埋古城的情报。1872年，沙乌再返英国。

此时的欧洲东方学界，因英国学者亨利·玉尔刚出版的两部著作，更加关注塔里木盆地。一部是1866年出版的《中国和通往中国之路》，另一部是1871年出版的《马可·波罗游记》校注本。沙乌在英国逗留期间，某人就《马可·波罗游记》中记录的和阗以东各地名写信向沙乌求教。沙乌写了一封答复信，后以《论培恩、车尔臣、罗布淖尔和中亚其他地方的位置》为题，发表在《皇家地理学会纪要》第16卷上。沙乌在这封信中，根据传闻介绍了和阗以东的沙埋古城，反映出当时克里雅、车尔臣一带觅宝活动的猖獗。1872年，皇家地理学会将该年度的"创建者奖章"颁授给了玉尔，将该年度的"庇护者奖章"颁授给了沙乌。

由于阿古柏伪政权的限制，沙乌、海华德、佛塞斯等英国人均未能到达塔里木盆地觅宝业的中心和阗。而此时的和阗，觅宝业势头正旺，如火如荼。阿古柏于1866年任命的和阗伪阿齐木尼亚孜，从1868年开始，雇佣大批民工，在和阗周围四处挖掘古代遗址，形成"官"、私竞相觅宝的混乱局面。许多重要的遗址，如于阗国古都约特干遗址、丹丹威里克遗址等，都是在这一时期被发现的。从这些遗址中，确实出土过金器、银器、玉器等珍贵物品，但更多的出土物是古代陶塑、陶器、钱币等"副产品"。它们散落在民间，等待着即将到此一游的外国搜集者（插图10、11）。

原载《团结报》2015年9月10日第8版。

插图 10　觅宝人于 1868 年发现的于阗国古都约特干遗址

五 阿古柏侵占初期的南疆"觅宝业"　　｜　035

插图 11　约特干遗址出土的特色文物，是各种类型的陶塑动物像

六
最早流入欧洲的"佛塞斯搜集品"

阿古柏于1871年6月攻占新疆迪化（乌鲁木齐）后，沙皇俄国以"安定边境秩序"为由，于当年7月侵占伊犁地区。英国为了将南疆变成阻挡俄国南下势头的缓冲地，此后全力扶持阿古柏反动政权。1873年，英属印度总督诺斯布鲁克勋爵命令托马斯·道格拉斯·佛塞斯再访塔里木盆地，主要目的是与阿古柏签订一份政治、经济盟约，并进一步刺探塔里木盆地情报。已对塔里木盆地沙埋古城及出土文物感兴趣的佛塞斯，也将文物古迹列为调查目标之一（插图12）。

为了能搜集到有关塔里木盆地的各种信息，佛塞斯于1873年7月招纳了一批专长历史、地理、气象、经济等学科的英国军政人员和印度土著学者，组建了一支庞大的"使团"。佛塞斯一行于1873年9月29日离开列城，于1873年11月12日到达叶尔羌。在叶尔羌逗留期间，佛塞斯开始

插图 12　第一个在新疆境内进行考古挖掘的欧洲人——佛塞斯

对当地巴札上出售的和阗古茶砖之来源进行调查。佛塞斯在从叶尔羌前往英吉沙的路上，又打听了许多有关沙埋古城遗址的信息。1873年12月4日，佛塞斯一行到达喀什噶尔，开始与阿古柏谈判。1873年12月20日，佛塞斯将草拟的盟约提交阿古柏考虑，然后开始打发"使团"成员四处探听情报。佛塞斯"使团"成员通过询问往来旅行者、派遣印度土著团员亲访等方式，对塔里木盆地的道路及文物古迹进行了全方位的调查。

佛塞斯"使团"成团一共记录了塔里木盆地及其周边地区的32条道路。其中第12条道路"叶尔羌至阿克苏道"中，提到了图木舒克的古城遗址。第13条道路"阿克苏至库车道"中，不但记录了库车古城遗址和石窟寺遗址，还记录了位于库车以北的一尊大佛像，均为近代西方人关于库车周围文物古迹的最早记录。第14条道路的支线"叶尔羌至和阗道"中，记录了和阗近期出土文物的情况："从沙埋古城中，获得了檀香木和茶砖。檀香木被刻制成了念珠，茶砖被拿到市场上出售。……有一个在自家地里干活的农民……挖到了一个金饰物，据说是一头牛的雕像。后来，和阗的'总督'下令进一步发掘，结果又发现了更多的金子。"

1874年2月2日，佛塞斯和阿古柏在喀什噶尔签订了非法的《英–阿通商条约》12款，主要内容是英国承认阿古柏伪政权、双方互派"大使"等。《英–阿通商条约》签订后，佛塞斯本想去和阗、罗布淖尔一线考察一番，但因阿古柏态度消极而未能成行。于是，佛塞斯于1874年3月17日离开喀什噶尔，经英吉沙、叶尔羌回国。

佛塞斯在英吉沙逗留期间，亲自实施了一次挖掘活动。他在游记中记录说："第二天早晨，我们带着铁锹和镐头出发了，决心要瞧一瞧能挖掘出什么古代文明的遗物来。经过一番令人疲劳的搜寻之后，我们发现了一些陶器破碎残片，一些铜块，一些破碎的玻璃和瓷器，还有两枚钱币。其中一枚钱币可以部分地辨识出来，看上去属于一个非常早的时代。在这里发现了玻璃，是一件不寻常的事情，因为现在当地绝没有人使用任何一件玻璃器，制作玻璃的工艺似乎完全不被人所知。"这次简单的盗挖，是近代欧洲人在中国新疆塔里木盆地的第一次田野发掘活动。

佛塞斯早在喀什噶尔逗留期间，就已派出印度随员拉姆·昌德等人前往和阗一带，调查文物古迹。这些印度随员不仅对和阗一带的道路及文物出土情况进行了较全面的了解，还将一批和阗出土文物带给在英吉沙逗留的佛塞斯。佛塞斯在其游记中记录说："确实有一些属于查斯丁和康斯坦丁时代的漂亮金币，被人们从古城带到了我这里来。还有一些金饰物，也从一座城中挖掘了出来，这些金饰物和今天印度教徒妇女所佩戴的饰物颇为类似。我们还看到了大量的黑色茶砖，也出自同一地点。"据称，这些文物均来自和阗与克里雅之间的沙埋遗址中。

佛塞斯于1874年5月6日到达叶尔羌,在这里又陆续收到一些获自和阗以东地区的文物。佛塞斯在其游记中记录说:"他(印度随员)给我带回了两尊雕塑像,发现于克里雅附近的沙埋城市中。其中一尊是佛像,另一尊是猴神胡奴曼的泥塑像。……我派往和阗访问的另一个人叫拉姆·昌德,他给我带回了一些金戒指和金鼻环,就好像今天印度教徒妇女们所佩带的那些东西一样。他还给我带回了一些钱币,其中最不同寻常的是一枚铁币和数枚金币。……1874年4月,大概就在拉姆·昌德逗留和阗的那个时候,有一件重达16磅的金饰物被发现。这件金饰物的形状是一个小花瓶,上面还附着一条链子。"佛塞斯以如此散漫的方式直接或间接获得的文物,都被他随身带往印度,后又带回英国,史称"佛塞斯搜集品"。"佛塞斯搜集品"是近代历史上最早成批流入欧洲的新疆文物(插图13)。

佛塞斯一行于1874年5月18日离开叶尔羌,于6月17日返回列城。佛塞斯返回印度后,于1875年在加尔各答出版了一部长达574页的详尽报告书《1873年赴叶尔羌使团报告书》,这是近代历史上第一部涉及新疆考古学的长篇报告书。该书中附有"使团"成员拍摄的102幅照片,是中国西北最早的影像资料,可以改写摄影术传入中国的历史。佛塞斯从印度返回英国伦敦后,于1876年11月13日在伦敦

六　最早流入欧洲的"佛塞斯搜集品"　｜　041

插图 13　佛塞斯"使团"成员在新疆拍摄的照片，是有关中国西北的最早影像资料

皇家地理学会宣读了论文《论戈壁大沙漠的流沙中埋藏的城市》,发表于1878年出版的《皇家地理学会会刊》第47卷(1877年卷)上,这是近代历史上第一篇有关新疆考古学的专题论文。

原载《团结报》2015年9月17日第8版。

七 孟加拉亚细亚学会与沙乌搜集品

1874年冬,按照佛塞斯与阿古柏非法签订的《英－阿通商条约》,已两次进入塔里木盆地的沙乌,被任命为所谓的"英国驻喀什噶尔王国公使"。沙乌赴任前,孟加拉亚细亚学会会长爱德华·克利夫·贝利于1874年12月11日给他写信,介绍了来自塔里木盆地的一枚打压钱币,其正面有佉卢文铭文和马像,背面有汉文铭文。这便是后来俗称"和阗马钱",学名"汉文－佉卢文二体钱币"(简称"汉－佉二体钱")。贝利在信中委托沙乌代表孟加拉亚细亚学会,到任后尽力为学会搜集此类汉－佉二体钱。贝利之所以如此看重此类钱币,是因为上面保存有珍稀的佉卢文铭文。

佉卢文是古代印度的两大文字体系之一。唐朝僧人道世在《法苑珠林》一书中认为:"昔造书之主凡有三人:长名曰梵,其书右行;次曰佉卢,其书左行;少者苍颉,其书下行。梵、佉卢居于天竺，黄史苍颉在于中夏。"传说中由梵（大梵天）创造的婆罗谜文（梵文），由佉卢（驴唇大仙人）创造的佉卢文，后来成为分别记录雅语（梵语）和俗语的主要文字。随着佛教从印度向中国的传播，用于书写佛教典籍的婆罗谜文和佉卢文，也在汉唐之际流行于中国西域，与传说中由仓颉所造的汉文并存。但到了西方殖民者侵占印度之初，婆罗谜文和佉卢文已成为无人辨识的"天书"（插图14）。

孟加拉亚细亚学会的早期学术成就之一，是对婆罗谜文和佉卢文的成功解读。1834年，该学会总干事詹姆斯·普林塞普依据阿富汗佛塔中出土的希腊文－佉卢文二体钱币，解读了佉卢文。1837年，普林塞普又依据印度西北部发现的阿育王摩崖诏书中两件婆罗谜文－佉卢文二体铭文，解读了婆罗谜文。此后半个世纪里，对婆罗谜文和佉卢文文献及碑铭资料的搜集与研究，成为国际印度学的学科基础之一。但由于南亚次大陆的气候特点，文物不易长期保存，婆罗谜文和佉卢文文献资源在印度越来越少。随着塔里木盆地相继发现佉卢文资料和婆罗谜文资料，国际印度学家的目光，逐渐转向了塔克拉玛干沙漠（插图15）。

佛塞斯第二次"出使"塔里木盆地期间，所获和阗出土古钱币中，有一枚汉－佉二体钱。佛塞斯"使团"于1874年从叶尔羌返回印度时，"使团"成员亨利·特洛特上尉安排一

七 孟加拉亚细亚学会与沙乌搜集品 | 045

插图 14 对佉卢文文书（上）和婆罗谜文文书（下）的追求，
是导致中国西域文物外流的主要原因之一

插图15　佉卢文和婆罗谜文的解读者——普林塞普

七　孟加拉亚细亚学会与沙乌搜集品

名印度随员留在叶尔羌，主要任务是搜集和觅出土古钱币。通过这一途径，特洛特很快就搜集到一批钱币。1874年秋季，特洛特将其中一枚据说出土于克里雅的汉-佉二体钱交由印度古钱币学专家贝利进行鉴定。贝利经过研究，确证了钱币上的佉卢文铭文内容。于是，当贝利获悉沙乌将常驻塔里木盆地的消息时，便委托沙乌搜集更多的汉-佉二体钱。

1875年春，沙乌第三次进入塔里木盆地，此后更加重视对古物和相关情报的搜集。沙乌刚到达叶尔羌，就于1875年2月26日给贝利写信，详细地汇报了他在当地搜集文物的过程。贝利收到沙乌来信后，于1875年5月7日在孟加拉亚细亚学会召开的月会上当众宣读。沙乌在这封信中说："我怀着极大的兴趣，拜读了您写于（1874年）12月11日的信。您建议让我设法获取一些有关古物方面的情报，我将非常高兴地遵行。我一直在努力地探获有关这方面的一些情况，但是，这个地区频繁发生的剧烈动荡，似乎已经毁坏了大部分古代遗物。不过，我已经获得了数量相当可观的一批写本。……至于前伊斯兰教时代的遗物，留下来的恐怕不多了。在和阗，这类遗物大概保存得比较多些，也曾流通过您提到的那种钱币。那里曾是早期的佛教中心，有过大量寺院。在那里，肯定可以发现一些古代遗物。"

关于搜集汉-佉二体钱的情况，沙乌在信中汇报说："我已经给叶尔羌的所有黄铜铸工作坊留下了话，我说我想买下所有有可能经过作坊而被投入炼化炉的古代钱币。但是，到现在为止，我只得到了一些年代比较晚的钱币，上面铸刻着各种和卓的名号（几乎已不可辨认）。不过，我现在已经发现了一个人，您提到的那枚钱币，正是他获得的。至少，他向我描述了那枚钱币的外表：一面铸刻着一只四腿兽像，另一面铸刻着不认识的文字。他说他把这枚钱币卖给了特洛特上尉留在身后的印度先生，卖价是3个天罡，或等于10个阿那斯。我现在已经派他带着足够的钱去了和阗，我给他下达的命令是：在一切存在着希望的地方，花上一个月的时间，不遗余力地搜索。他说，那枚钱币原本是一些人在河畔挖金沙时挖出来的，后来被他的姐夫从那些人的手中买了下来。"

沙乌本想利用伪"公使"的身份，为孟加拉亚细亚学会大力搜集和阗古物。正如他在给贝利的信中所说："我曾经希望能充分地利用当局给我提供的便利条件和安排，去调查我打听到的一些位于该地区（和阗）的古遗址，这些古遗址中有不为人所知的铭文题记（可能用的是回鹘文字）。"但是由于后来的政治局势变化很快，沙乌无暇顾及搜集和阗文物的事情，只获得一些属于伊斯兰时期的钱币。但沙乌在叶尔羌逗留时，再次搜集到大量属于伊斯兰时期的写本。孟加拉亚细亚学会对新疆文物的搜集，实际上始于此次委托沙乌进行的收购活动。到了19世纪90年代，孟加拉亚细亚学会最终成为英属印度搜集中国新疆文物（尤其是佉卢文和婆罗谜文文献）的重要中转站。

原载《团结报》2015年9月24日第8版。

八
当"沙埋古城考古学"走近"丝绸之路"

公元 79 年 8 月 24 日,位于意大利那不勒斯东南方的维苏威火山爆发,火山灰将古罗马的庞贝古城完全湮埋。1748 年,欧洲考古学家挖掘出庞贝古城,考古学的一个特殊分支——"沙埋古城考古学"由此诞生。一个世纪后,当西方人确信中国塔里木盆地存在有大量"沙埋古城"时,塔里木盆地便成为"沙埋古城考古学"的理想试验场。不少对考古学怀有浓厚兴趣的西方探险家,渴望着能在塔里木盆地发现更多的"庞贝古城"。

第二次鸦片战争后,西方人虽然可以持护照前往中国内地游历,但因陕甘回民起事、阿古柏入侵等事件,一时还难以从中国东部进入甘肃等地考察,只能引颈西望,隔空叹息。最早企图从东向西奔赴"沙埋古城"的西方人,是美国地质学家拉斐尔·彭普利。彭普利于 1861 年应日本政府之聘，来日普查国土资源。至1863年，因日本政局动荡，彭普利又转往中国，先后在华东、华中、华北、蒙古高原等地考察矿藏。此时，西方盛行"雅利安人故乡在中亚"的学说，彭普利极感兴趣，决心转往中亚从事考古学研究，以寻找雅利安人先人的遗迹。根据欧洲汉学家的翻译和研究成果，彭普利了解到，塔里木盆地古代居民具有高鼻、深目、碧眼、赤发等雅利安人特征，于是想尽早前赴塔里木盆地考古（插图16）。

为此目的，彭普利在中国内地考察期间，刻意搜集与塔里木盆地有关的资料和地图。据他晚年回忆说："对我产生深刻印象的东西，还有一幅中文的塔里木盆地地图上的题记。题记中说，在塔里木盆地这里，在公元后的最初几个世纪中，曾有大量的城市被沙漠湮埋（我想其数目在100座至200座之间）。"做好准备后，彭普利计划于1864年去中国西陲考察。但终因政局动荡，彭普利的计划落空，他只好于1865年返回美国。

继彭普利之后，德国地理学家费尔迪南·李希霍芬也打算从东向西前往塔里木盆地。李希霍芬于1859—1862年参加普鲁士东亚考察团，开始对中国地理学与中西交通史产生了浓厚的兴趣。1866年，玉尔著《中国和通往中国之路》在伦敦出版，因其响亮的书名中包含有"通往中国之路"的概念，又因书中对古希腊、罗马人的"赛里斯之路"进行了详

插图 16　最早关注塔里木盆地"沙埋古城"的美国人——彭普利

细的考证，再次将李希霍芬吸引到了中国来（插图 17）。

古希腊、罗马人将中国特产丝绸音译为"赛尔"，称中国为"赛里斯"，意为"丝国"。公元 1 世纪，古希腊地理学家马利奴斯记录了一条西方商人为贩运丝绸而向东前往赛里斯（丝国）的商路，简称为"丝国之路"。公元 150 年左右，古希腊地理学家克劳德·托勒密撰写《地理志》时，讨论了马利奴斯的"丝国之路"。进入 19 世纪后，"丝国之路"成为欧洲许多地理学家关注的课题。1838 年，德国柏林大学地理学教授卡尔·李特尔在所著《地球科学》第 8 卷中，善意地偷换了概念，用德语的"丝绸"一词取代了"丝国"一词，首创了"丝绸之路"概念。玉尔在《中国和通往中国之路》中，不仅详究了"丝国之路"的线路和里程，而且还将此概念更新为"中国之路"。"丝国之路"或"中国之路"的必经之地，是中国西部的塔里木盆地和河西走廊。那里的古代中西交通遗迹，召唤着李希霍芬。

1868—1872 年，李希霍芬以上海为基地，对大半个中国进行了 7 次考察，足迹遍布华东、华北、华中、华南、东北、西南地区和西北地区的陕西省。按照李希霍芬的原计划，他在考察陕西省之后，便要进入甘肃省的河西走廊和天山南北考察。但由于西北动乱，清政府没有允许李希霍芬前往甘肃。

李希霍芬结束了在中国的考察后，于 1872 年返回德国，

插图 17 "丝绸之路"概念的传播者——李希霍芬

撰成多卷本巨著《中国》。《中国》第1卷于1877年在柏林出版,该卷的第2编第10章题为"中国与南方民族以及来自中亚的西方民族之间的交通往来之发展",实际上是一部远古以来的中西交通史,竟占据了全书正文的一半篇幅。正是在这一章中,李希霍芬详细研究了马利奴斯的"丝国之路",借用他导师李特尔首创的"丝绸之路"概念,强调了"马利奴斯的'丝绸之路'"这一说法。

《中国》第1卷第500页和第501页之间,夹印了李希霍芬于1876年绘制的彩色《中亚地图》,这是历史上第一幅"丝绸之路"地图。在这幅地图上,李希霍芬用蓝色线条标画《汉书·西域传》等典籍中记录的西域南北两道,用红色线条标画"马利奴斯的'丝绸之路'",形成一幅完整的"丝绸之路"线路图。李希霍芬在地图右下角的说明词中说:"旨在说明公元前128年至公元150年间交通关系概况的中亚地图。费·冯·李希霍芬绘制于1876年。被标成蓝色的线路,均表示依据汉文资料记录的道路,尤其是依据《汉书》中的记录。在塔里木盆地,只标出官道。被标成红色的地名和线路,表示托勒密《地理志》中所记赛里斯国的地理情况和马利奴斯的'丝绸之路'。"(插图18)

在《中亚地图》的核心区域塔里木盆地,标注了从"敦煌"到"疏勒"之间的塔里木盆地古国名,包括"楼兰""且末""小宛""龟兹""焉耆""姑墨""于阗""莎车""皮

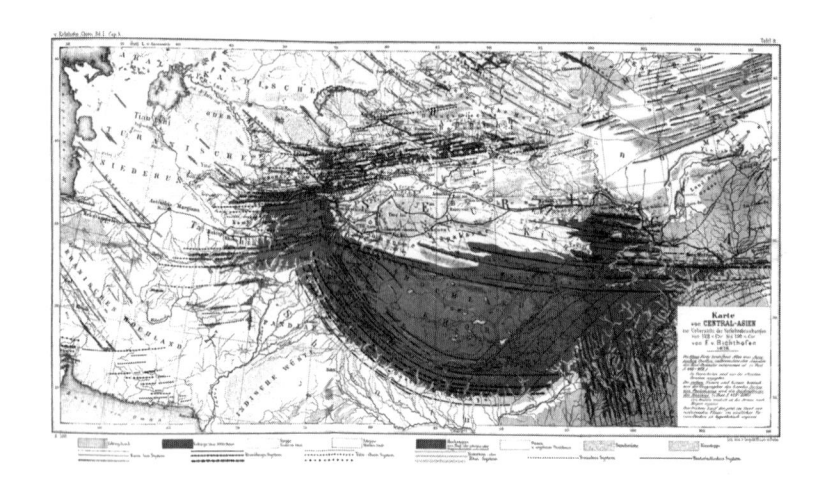

插图 18　李希霍芬于 1876 年绘制的第一幅丝绸之路地图《中亚地图》

山""精绝""拘弥"等地名。许多地名被标在沙漠的范围之内,暗示其为"沙埋古城"。今天看来,这幅地图错误百出,但其中标注的塔里木盆地"沙埋古城",将进一步吸引欧美考古学家前往塔里木盆地搜寻文物古迹。

原载《团结报》2015年10月1日第8版。
有删改。

九
普尔热瓦尔斯基与"罗布淖尔问题"

1866年9月,清廷调左宗棠为陕甘总督,率湘军镇压陕甘回民起事。伴随着清军的西进,西方探险家也从东向西接踵而至。1870—1873年,俄军总参谋部上尉军官尼古拉·米哈伊洛维奇·普尔热瓦尔斯基(普氏)奉派进行其第一次中亚考察,前往中国西北调查民族关系问题,并代表俄罗斯帝国地理学会进行综合考察(插图19)。

沙俄历史学家尼古拉·费多洛维奇·杜勃罗文这样评价普氏的第一次中亚考察:"欧洲旅行家们自1858年《天津条约》签订之日起,差不多踏遍了中国的所有省份,破天荒第一次揭示了旅行家们所渴望了解的这个国家。但是,他们谁也下不了决心去的地方,普尔热瓦尔斯基一行却勇敢地深入了进去。1864年,地质学旅行家彭普利曾打算从北京到亚洲腹地进行大胆旅游,但还没有走到黄河,怕丧命而放弃了他的

插图 19　近代"三大中亚探险家"之首——普尔热瓦尔斯基

打算。李希霍芬男爵多年致力于研究中国（1868年至1872年），想去甘肃省，但因担心暴乱，也未能到黄河西部地区旅行。只有普尔热瓦尔斯基一人为了俄罗斯的科学和荣誉，勇敢、顽强地奔向了那里。"普氏的第一次中亚考察，标志着欧洲人从东向西大规模考察中国西北的开始。但此时普氏的注意力，尚未放在考古文物方面。

1873年11月，清军在肃州（酒泉）镇压了陕甘回民起事。随后，左宗棠力驳李鸿章等"海防论"者，极力主张收复已被阿古柏窃据多年的新疆。清廷遂于1875年5月3日改任左宗棠为钦差大臣督办新疆军务，率军西征。对于清军计划驱逐阿古柏的行动，俄国人不得不表示支持，因为1874年2月2日佛塞斯与阿古柏签订的《英－阿通商条约》，已使阿古柏变成了"敌之友"。1875年6月15日，俄军总参谋部中校军官索斯诺夫斯基一行来到兰州，与左宗棠立约，答应向出关的清军出售粮草和军火。1876年4月，左宗棠进驻肃州，随即命部将出关西征，开始收复新疆的正义战争（插图20）。

清军攻打阿古柏的过程中，普氏于1876—1878年赴新疆进行了第二次中亚考察。普氏于1876年8月12日从俄国占领下的伊宁出发，进入塔里木盆地后，于1877年1月上旬到达卡克里克（若羌）。随后，普氏以卡克里克为基地，对罗布淖尔的实际位置进行了测定，并调查了周围罗布人的

九　普尔热瓦尔斯基与"罗布淖尔问题" | 061

插图 20　左宗棠官服照(上)和便服照(下)。据笔者考证,由索斯诺夫斯基考察队摄影师波雅尔斯基于 1875 年 6 月 16 日在兰州拍摄的这两幅照片,是迄今仅见的左宗棠真容留影

独特生活方式，成为第一个实地考察罗布淖尔的欧洲人。直到1877年3月中旬，普氏才离开罗布淖尔。

就在这段时间里，清军以摧枯拉朽之势，节节西进。1877年4月30日，普氏赶到库尔勒，与四面楚歌中的阿古柏见了最后一面。1877年5月25日，穷途末路的阿古柏在焉耆服毒自杀。1878年初，清军攻克喀什噶尔，"英国驻喀什噶尔王国公使"沙乌仓皇逃回印度。被阿古柏窃据13年之久的南疆地区，再次回到了祖国的怀抱。清军收复新疆后，普氏于1878年5月23日返回圣彼得堡，结束其第二次中亚考察。

普氏结束考察后，在欧洲发表论著，宣传他在罗布淖尔的考察结果。1878—1879年间，法国巴黎地理学会、德国柏林地理学会、英国伦敦皇家地理学会先后将它们的最高金质奖章颁发给了普氏。但柏林地理学会会长李希霍芬在推荐普氏获奖后，又于1878年发表《评普尔热瓦尔斯基中校的罗布淖尔和阿尔金山之行》一文，认为普氏所发现的淡水湖罗布淖尔并不是真正的咸水湖罗布淖尔，其地理位置也与中国古代文献记载不符。同年，普氏在欧洲多国发表了反驳李希霍芬的文章，论证自己的发现毋庸置疑。

由李希霍芬和普氏挑起的"罗布淖尔问题"之争，进一步引发欧洲人对罗布淖尔周围地区古代遗址的兴趣。中亚探险界由此意识到，任何自然科学方面的考察，都必须与历史学和考古学结合在一起，都必须关注古代遗物。普氏论著的英译者杰利马尔－摩尔根于 1878 年 9 月 6 日给普氏写信时提出要求说："您或许还有一些关于罗布淖尔考察的详细资料，比如像您的（天文、气象、高程）观测附记，将是极其珍贵的。再有关于居民、商路及古迹的资料，也是极其有用的。"

普氏后来对塔里木盆地的文物古迹刮目相看，得出了如下观察结果："一看见那些曾经繁荣过的绿洲，还有那些沙埋古城，便可以给旅行者提供更具有说服力的证据，证明生命之水的供应来源如何衰竭耗尽，致死的沙漠力量如何滚滚向前。根据中国历史资料，我们了解了许多此类绿洲和古城，我们也亲眼目睹了其中的一些。实际上，我们也听土著人说过，被限定在和阗、阿克苏和罗布淖尔之间的那片区域，从前曾经存在过 23 座城和 360 个村庄，而现在都不复存在了。根据传说，在那个时代，人们可以'踩着屋顶'从库车城走到罗布淖尔。当时塔里木盆地的人口就是如此密集，但现在却化为荒漠了。即便到了今天，和阗、克里雅、尼雅和其他幸存下来的绿洲之居民，还在每年的秋季和冬季冒险进一次沙漠，搜寻那些被风暴揭开的古代居民点之废墟。据他们说，有时会在那里发现金器和银器。他们有时也会被一座古代佛教徒的住所绊一跤，里面有布匹和毛毡。这两样东西通常都腐烂透了，一碰就化为灰烬。"由于普氏自第二次中亚考察起开始关注文物古迹，他被俄国人尊为中亚考古学的开山鼻祖之一。

　　"罗布淖尔问题"之争，持续了半个多世纪的时间。李希霍芬的瑞典籍学生斯文·赫定，最终解决了"罗布淖尔问题"，认定罗布淖尔是个"游移湖"。英国的斯坦因、法国的伯希和等人，都在自己的考察计划中将"罗布淖尔问题"列为重点课题。对于"罗布淖尔问题"的探索与研究，为楼兰古城等遗址的发现提供了契机。

原载《团结报》2015年10月8日第8版。

十 最早探访敦煌莫高窟的欧洲人

敦煌是古代丝绸之路上最重要的交通枢纽,自汉代起便成为"华戎所交一都会也"。隋、唐之际,横贯天山南北的西域三道"总凑敦煌,是其咽喉之地"。但陆上丝绸之路在唐朝盛极而衰,"安史之乱"后便逐渐被海路取代。唐朝之后,敦煌的国际地位一落千丈。及至元朝,陆路交通短期复兴。威尼斯旅行家马可·波罗于1274年到访敦煌,是最早一位记录过敦煌并留下姓名的欧洲人。1299年成书的《马可·波罗游记》中,在叙述了和阗、培恩、车尔臣、罗布等塔里木盆地名胜后,紧接着又记录了沙州(敦煌)及其偶像崇拜(佛教)状况。

自马可·波罗之后,600年间再无欧洲人到访敦煌的记录。直到19世纪70年代末,当中国西北局势逐渐稳定后,欧洲人的足迹又踏上久违了的敦煌之地。近代历史上,第一支探访敦煌并记录了莫高窟的欧洲考察队，是奥匈帝国的匈牙利贵族贝拉·施切尼伯爵领导的亚洲考察队。施切尼考察队的主要成员，是匈牙利地质学家拉约斯·洛克齐和奥地利制图专家古斯塔夫·克雷特奈尔（插图21）。

施切尼出身于匈牙利的名门贵族，其祖父于1802年创建了匈牙利国家图书馆和匈牙利国家博物馆，其父亲于1825年创建了匈牙利科学院。匈牙利人（马扎尔人）源自中亚，传说为匈奴人后裔，所操马扎尔语属于阿尔泰语系。匈牙利民族于9世纪末在多瑙河畔建国，至1699年后沦为奥地利的属国，1867年与奥地利合组奥匈帝国。长期以来，匈牙利民族主义精英一直在寻找位于东方的"老家"，以唤醒匈牙利人的民族意识。作为匈牙利民族主义精英的代表，施切尼在多次游历欧洲、北美和非洲后，最后决定要代表匈牙利科学院，领导一次赴亚洲的综合考察，主要目的是在中亚搜集地理学、地质学和人类学资料。

施切尼考察队于1878年9月21日到达上海，随后前往北京，寻求进入甘肃、蒙古、西藏等地的护照。1878年10月14日，清朝总理各国事务衙门大臣、恭亲王奕䜣接见了施切尼。施切尼恳切地对奕䜣说："我有一个强烈的愿望，便是去我们匈牙利人怀疑是我们根之所在的那些省份旅行。我们的祖先曾经生活在那里，我要在他们的坟墓边表达我的敬意。我还要朝着天空送去我的祈祷，祝我们于9世纪在欧

十　最早探访敦煌莫高窟的欧洲人 ｜ 067

插图 21　施切尼考察队主要成员：施切尼伯爵（中）、洛克齐（右）和克雷特奈尔（左）

洲建立的新家园康乐幸福。我的同胞们对中国的历史非常感兴趣，尤其是当中国拥有蒙古族领袖的那段历史。"奕䜣被施切尼的执着所打动，向施切尼考察队颁发了游历护照。

施切尼考察队于1878年12月7日从上海起程，于1879年1月17日到达陕西西安。在西安访问后，施切尼一行经甘肃兰州、凉州，到达甘州。在甘州以南，考察队发现了马蹄寺石窟。1879年4月，施切尼一行到达左宗棠大营所在地肃州。当时，清军刚收复新疆后不久，左宗棠不愿意让外国人前往新疆，只同意考察队西行至敦煌县，然后再返回肃州。1879年4月30日，施切尼一行到达敦煌县城，受到敦煌县知县将其章和沙州营参将聂某的接待。

1879年5月1日，施切尼一行参观了敦煌县城和位于党河西岸的沙州卫故城。克雷特奈尔对故城的观感如下："我们站在了古代敦煌的遗址上。……我们每迈出一步，都能看到该遗址昔日伟大的种种痕迹。……马可·波罗曾画了一幅童话般美丽的画面，展示了'沙州'黄金国的富庶，这个时代已经过去了，也许永远也不会复返。当我漫步在废墟当中四处寻找古物的时候，我被一种奇妙的感觉所压倒。那就是，自从马可·波罗之后，还没有任何欧洲人穿越过这片地区。"考察队在故城中还进行了一些考古学观察和文物搜集活动。

1879年5月2日，施切尼一行考察了莫高窟，成为近代最早考察莫高窟的欧洲人。今编莫高窟96窟"北大像"和130窟"南大像",给施切尼考察队留下的印象最深。洛克齐在游记中记录说:"其中有两尊巨大的佛像,是从岩石上雕凿出来的,其中一尊高20米,另一尊的高度至少是35米至40米。"洛克齐还认识到了古代敦煌在"丝绸之路"上的枢纽地位:"在戈壁沙漠的边缘地区,在甘肃的所有城镇当中,敦煌县四周的城镇是最繁荣和人口最多的。在过去,该地区更为重要。当时,前文提及的(北、南)道路在这里终结。沿着这些道路,丝绸贸易扩延到可通往波斯的和阗,也扩延到回鹘人的城镇哈密。"(插图22)

敦煌是施切尼考察队在中国境内到达的最西地点。他们于1879年5月6日离开敦煌县,折回肃州,又经西宁、成都、大理、曼谷,返回欧洲。施切尼一行离开敦煌一个多月后,俄国探险家普尔热瓦尔斯基领导的第三次中亚考察队也于1879年6月到达敦煌,参观了莫高窟,成为近代第二批探访莫高窟的欧洲人。

普氏第三次中亚考察队于1879年1月20日从圣彼得堡出发,经莫斯科、奥伦堡、斋桑,进入中国新疆境内。6月中旬,普氏一行到达敦煌,参观了莫高窟。令普氏一行在莫高窟仰天惊叹的古物,仍然是"北大像"和"南大像"。6月21日,普氏一行离开敦煌,然后经祁连山脉去青海、西藏、蒙古考察,于1880年10月29日到恰克图,1881年1月7

插图 22　施切尼考察队队员克雷特奈尔绘制的莫高窟图

十　最早探访敦煌莫高窟的欧洲人　|　071

插图 23　普氏第三次中亚考察队队员罗伯洛夫斯基绘制的莫高窟 130 窟南大像图（左），及其与同像现状（右）之比较

日回到圣彼得堡，结束了考察（插图23）。

施切尼考察队和普氏考察队在敦煌莫高窟的考察，数十年后仍激励着匈牙利裔英籍考古学家斯坦因和俄国考古学家鄂登堡等人赶往莫高窟考古，导致敦煌文物的大规模外流。

原载《团结报》2015年10月15日第8版。

十一 观"彼德罗夫斯基地图"有感

在圣彼得堡的俄罗斯科学院东方写本研究所，收藏着一幅中国新疆南疆地图（编号 T-50）。该图纸本设色，水彩绘图，墨书题记，由 6 张长方形画纸拼成。纸幅高 45 厘米，总长 208 厘米（插图 24）。该图系由某中国人绘制的南疆各城方位图，先用汉文、老维文标注各城的地名，再请人翻译成俄文。一直以来，学术界称这幅地图为"彼德罗夫斯基地图"，因为它来自首任俄国驻喀什噶尔总领事尼古拉·费多洛维奇·彼德罗夫斯基（插图 25）。

彼氏于 1882—1903 年担任俄国驻喀什噶尔总领事，盘踞南疆长达 21 年之久，是近代中国文物外流史上一个重量级人物。他不仅亲自搜集了大量新疆文物，即俄藏中国文物中所谓"喀什噶尔写本""彼德罗夫斯基搜集品"等名目下的 582 批文物，而且还协助俄国及欧洲其他国家的数十名探险

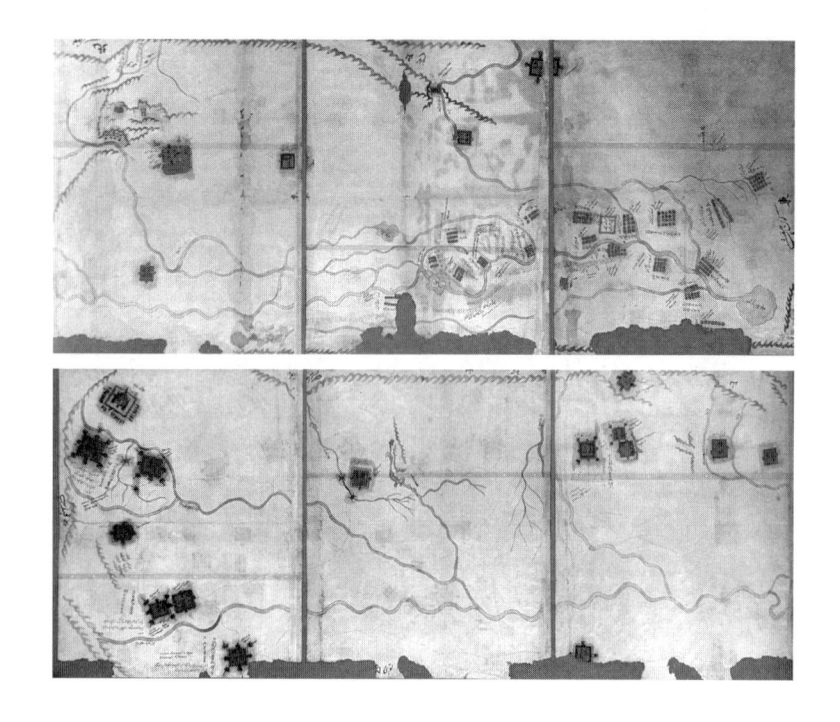

插图 24 "彼德罗夫斯基插图"全图。上，右起：第 1-3 幅；
下，右起：第 4-6 幅

插图 25　首任俄国驻喀什噶尔总领事彼德罗夫斯基

家，在中国西北进行文物搜集活动。在此过程中问世的"彼德罗夫斯基地图"，便是这段历史的写照。要解释这幅地图的由来，必须首先了解俄国人在喀什噶尔设立领事馆的历史背景。

阿古柏入侵新疆期间，俄国人也加快了向中亚扩张的进程。1867年，俄国在塔什干设立"突厥斯坦总督府"，于1872年完成对浩罕、布哈拉、希瓦三汗国的武力征服，逼近中国西大门。清军收复南疆后，俄国与英国这对老冤家都面临着一个新问题，即如何在中国西陲进行政治、经济、文化方面的竞争。此后入疆做生意的俄属中亚商人，再加上原投奔阿古柏而来的"安集延人"，都成了俄籍侨民，他们在南疆各绿洲的数目日益庞大。但与来自英属印度、英国保护国阿富汗等地的英籍侨民相比，俄侨的力量并不占上风。因此，俄国人迫切需要在喀什噶尔设立领事馆，以保护俄侨和俄国的利益。

随着越来越多的俄国探险家进入中国西北，俄国人也日益感到有必要在这里设一领事馆，为他们提供帮助。1879年，俄国圣彼得堡帝国植物园主任阿诺尔德·爱德华诺维奇·李盖尔拟前往吐鲁番、罗布淖尔、塔克拉玛干沙漠一线考察，在未获清廷同意的情况下，于9—11月间擅自潜入吐鲁番盆地。李盖尔于9月22日进入吐鲁番后，立即被清军拘禁。11月初，李盖尔乘守兵不备，溜出监舍。随后几日,李盖尔偷偷探访了亦都护城(高昌故城)等古代遗址,并为它们绘制了平面图,直至11月9日逃出吐鲁番。李盖尔的这次被捕经历,促使俄国人加快了在新疆设立领事馆的步伐。

李盖尔是近代历史上第一个探访吐鲁番盆地古代遗址的欧洲人。他逃回俄国后,在报告书中特别提到新疆"古代的发现物、吐鲁番等地的废墟极有可能是雅利安人留下的遗物"等观点。尤其是李盖尔于1880年、1881年在德国《皮特曼学报》第26卷、第27卷上发表的《吐鲁番》《我的1879年吐鲁番考察》等文,第一次向西方世界揭示了吐鲁番存有大量文物古迹的情况。李盖尔的宣传,让俄国人感到有必要派人常驻新疆,以搜集吐鲁番盆地、塔里木盆地文物。

南疆底定后,清廷又着手解决了伊犁问题。1881年2月24日,《中俄伊犁条约》在圣彼得堡签订,中国收回了伊犁大部,但俄国人再次提出尽快在喀什噶尔设立领事馆的要求。1882年6月1日,俄国正式任命彼氏为首任俄国驻喀什噶尔总领事。彼氏早在1867年就来到俄国突厥斯坦总督府所在地塔什干,从事财政管理工作。但他一直利用业余时间研究中亚历史,并参与创建了"突厥斯坦考古爱好者协会"。彼氏是俄属中亚少有的国际事务专家,尤其对英属印度事务了如指掌。因此,当俄国决定设立驻喀什噶尔领事馆时,彼氏便成为总领事的最佳人选。

1882年11月，彼氏偕妻儿和秘书鲁奇，在45名哥萨克卫队的保护下，赴喀什噶尔走马上任。彼氏上任后不久，便协助普尔热瓦尔斯基进行了他的第四次中亚考察（1883—1885年）。普氏考察期间，彼氏于1884年为他在南疆的旅行做好了准备。普氏于1885年1—3月再访罗布淖尔，随后考察南道各绿洲，一路上关注沙埋古城。1888年，彼氏又为普氏的第五次中亚考察做好准备，但因普氏中途病死而作罢。

彼氏在协助普氏的过程中，自己也开始调查、搜集新疆文物。1886年，彼氏第一次将获自哈密、吐鲁番的一批碑铭资料及照片寄给俄罗斯科学院。1887年，彼氏又将一批南疆出土古钱币寄给俄罗斯考古学会东方分会。此后，彼氏坐镇喀什噶尔，源源不断地将南疆文物寄回圣彼得堡。"彼德罗夫斯基地图"便是彼氏在搜集南疆文物的过程中，请人在文物重镇库车绘制的一幅示意图，目的是向俄罗斯考古学会东方分会会长维克多·罗曼诺维奇·罗森解说文物来源地各城的位置所在。

早在1904年，俄罗斯科学院终身干事谢·费·鄂登堡就这样评价过彼氏："尼·费·彼德罗夫斯基的非凡发现，开创了中国新疆考古学研究的新纪元。"鄂登堡还认为："尼·费·彼德罗夫斯基的大名将得到科学界的尊崇，因为他是第一个让学术界接触到最有意义的文化历史遗物的人。这些遗物将三大文明紧紧地相互缠绕在了一起，即希腊文明、印度文明和中国文明。随着时间的推移，我们很有可能会在那里发现基督教世界和佛教世界之间相互影响的遗迹，以及伊朗影响的明确迹象。"鄂登堡对彼氏的评价显然具有片面性。今天的绝大部分中国学者都认为，彼氏实属近代俄国劫掠中国西北文物的急先锋，开启了列强驻华外交官、领事官越权搜集驻在地文物的恶劣先例。

原题《彼德罗夫斯基搜集南疆文物》。
原载《团结报》2015年10月22日第8版。

十二

卡瑞考察队在新疆、甘肃的考古旅行

清军收复南疆，使英国在阿古柏身上投下的赌注输得精光。英国"公使"沙乌之流被迫撤离，在南疆做生意的英属印度商人也一度锐减。英国势力萎缩之后，俄国人大有垄断南疆贸易之势。1882年俄国在喀什噶尔设立领事馆，又给英国人当头一棒。俄国领事馆建立后不久，英国就要求清廷给予平等待遇，允许其在喀什噶尔设立英国领事机构。但清廷对英国支持阿古柏之事一直耿耿于怀，迟迟未予批准。

从1883年开始，英国工商界纷纷要求尽早恢复英属印度与中国南疆之间的商贸关系。战后最早倡导此议的英国人，是出生于苏格兰的英国商人安德鲁·达格列什。1883年春，达格列什亲率一支私人商队，从拉达克列城出发，翻越喀喇昆仑山口，到南疆叶尔羌经商。他在叶尔羌逗留了10

个月，学会了维吾尔语。此后，达格列什每年都要在列城与叶尔羌（新疆建省后为莎车直隶州州城）之间往返数次，从事商品转贩贸易。在达格列什的引领下，前往南疆各绿洲做生意的英属印度商人越来越多。达格列什是英国白人，在英籍商人中属凤毛麟角，且人缘极好，又精通医术，很快就成为南疆英侨的领袖。

1884年11月17日，清政府发布新疆建省上谕，正式建立新疆省。新疆建省后，英属印度总督杜弗林勋爵感到与清廷修补关系的时机来临，遂于1885年派英国驻拉达克专员奈伊·艾里亚斯出访新疆喀什噶尔，再请清廷允许英国派代表常驻喀什噶尔。艾利亚斯曾多次在中国旅行，因此获得了1873年度的伦敦皇家地理学会"创建者奖章"，熟悉中国事务，游说有术。但因英国近期又在缅甸问题、锡金问题上与中国作对，清廷对于他的请求置若罔闻（插图26）。

1885—1887年，英属印度孟买民政局官员亚瑟·道格拉斯·卡瑞利用两年的休假，自费到中国新疆、甘肃旅行。为便于在新疆的旅行，卡瑞邀请熟悉新疆事务的好友达格列什入伙，充当维吾尔语翻译兼助手。1885年8月，卡瑞和达格列什离开列城，经西藏西部，于10月10日到达新疆于阗县的普鲁，再顺克里雅河走到于阗县城克里雅。卡瑞考察队在克里雅逗留数日，第一次进行了考古调查活动（插图27）。

插图 26　新疆建省前后多次来疆旅行的英国探险家艾里亚斯

十二　卡瑞考察队在新疆、甘肃的考古旅行　|　083

插图 27　卡瑞考察队看到的于阗县城克里雅

后来到访新疆的另一位英国旅行家亨利·兰斯代尔，在其游记《中国的中亚》中，披露了卡瑞在克里雅的一次经历："卡瑞先生告诉我说，他在和阗与克里雅逗留时，都打听过有关佛教时代文物的情况，诸如出土遗址或者碑铭什么的，但是毫无收获。在克里雅，有一位老哈吉告诉卡瑞先生说，从前曾经挖出过一块石碑，上面写着一种当地人不认识的文字，这位老哈吉被人请去查验。由于害怕汉人听到这件事后，会强迫人们去挖掘或寻找更多的此类碑铭，于是他命令将石碑砸毁。这样，这块石碑就当着他的面给毁掉了。老哈吉还说，那遗址据信就在克里雅附近，位于克里雅通往车尔臣的道路上，但现在已经被流沙湮埋了。老哈吉派了一个人领着卡瑞先生去查看其中的一处废墟，但在表面上看不到任何有意义的东西。"

卡瑞考察队离开克里雅后，又去了和阗直隶州。在和阗，卡瑞一行也处处关注文物古迹。卡瑞在其游记中说，和阗"古代有一个更大的城，包括今天的和阗各城，其城墙废墟在很多地方都可以清楚地看到"。兰斯代尔似乎认同此说，他在自己的游记中说："卡瑞先生提到，在和阗有一座更大的古城的城墙遗址，包括了今天的城镇所处的位置。根据实际上已经发现了的古文物，再加上卡瑞先生的这一提示，我们可以推测：发掘者们的锄头或许能够给古代和阗的历史提供线索。"

卡瑞一行于 1885 年 10 月 16 日离开和阗，沿和阗河向北追赶正在进行第四次中亚考察的普尔热瓦尔斯基。普氏考察队是近代从南向北纵贯塔克拉玛干沙漠的第一批欧洲人，卡瑞考察队自然就名列第二。卡瑞考察队到达塔里木河畔后，先后考察了沙雅、库车、焉耆、库尔勒，最后于 1886 年 2 月到达罗布淖尔，成为近代第一批顺时针环绕塔里木盆地的欧洲人。

1886 年 4 月 29 日，卡瑞一行离开罗布淖尔，进入青海考察，并于当年 7 月访问甘肃省敦煌县，成为近代到访敦煌的第三批欧洲人、第一批英国人，但没有机会探访莫高窟。不过，卡瑞一行还是参观了沙州卫故城等敦煌古迹。卡瑞考察队离开敦煌后，经安西返回新疆。在路过吐鲁番时，卡瑞一行又成为近代第二批探访吐鲁番古城遗址的欧洲人。1886 年 12 月中旬，卡瑞一行到达迪化府（乌鲁木齐），拜会了首任新疆巡抚刘锦棠，刺探了一些政治情报。随后，卡瑞和达格列什再返南疆，于 1887 年 4 月 5 日越过喀喇昆仑山口，返回列城。

卡瑞返回英国后，于 1887 年 11 月 28 日晚在伦敦皇家地理学会上宣读了他的游记《围绕中国新疆并沿西藏北境的一次旅行》。卡瑞在游记末尾处，向英国政府提出了一个建议："中国是一个没有侵略野心的友好邻邦。因此，我们最好的愿望，是配合中国，努力地维持其在该地区（新疆）的统治。"这个建议的主要目的，是阻止俄国的南下势头。在这一思路的引领下，英国政府加快了在喀什噶尔设立领事机构的步伐。1889年，卡瑞"因为在中亚的卓越旅行，行程总计4750英里，穿越了英国人从未探访过的地区"，而获得伦敦皇家地理学的金质"创建者奖章"。

原载《团结报》2015年10月29日第8版

十三 新疆考古史上的"达格列什命案"

卡瑞和达格列什联袂于1885—1887年在中国新疆、甘肃旅行后,两人天各一方,命运迥异。卡瑞于1887年返回英国,在伦敦皇家地理学会发表演讲,著述立说,从此跻身世界一流地理学家的行列。而达格列什于1887年结束旅行后,很快就走上了一条不归路。达格列什返回列城后,继续从事与叶尔羌之间的贩运贸易。为方便做生意,他于1887年底在生活条件较好的叶尔羌定居下来。1888年初,达格列什最后一次将货物从叶尔羌运抵列城,从此再也未能回到他在叶尔羌的家中(插图28)。

1888年3月底,达格列什在列城办完商事后,开始准备经喀喇昆仑山口返回叶尔羌的旅行。按当时习惯,商旅走这条"列城道"时,必须结伴而行,首先要在列城拼凑一支旅行队。达格列什先等到一批来自俄属浩罕的安集延商人,

插图 28　达格列什侨居叶尔羌时期的莎车直隶州知州衙门

又等到一批拟前往新疆的拉达克喇嘛,合组了旅行队。4月初,旅行队离开列城。刚出发不久,就有一名叫达德·马合木(官方记录为"达乌德·穆哈默德·汗")的帕坦人(普什图人)中途入伙。马合木来自印度与阿富汗交界处的基达(今属巴基斯坦),身负多起命案,又经商破产,遭官府通缉,债主逼债,一直四处躲避。当他在列城看到有旅行队要去中国新疆时,便想乘机跟随出逃。

1888年4月8日,旅行队翻越了喀喇昆仑山口。达格列什第一个过关,在一片雪地里支起营帐,煮茶休息。旅行队其他成员陆续过关后,也在另一地点支起营帐,饮茶吃干粮。达格列什喝茶毕,来到众人的帐篷里聊天。聊天过程中,达格列什善意地劝诫马合木要改邪归正,竟惹得马合木怒从心头起,恶向胆边生,立即起了杀意。马合木悄悄走出帐篷,拿出自己的枪,绕到达格列什的座位附近,隔帐篷朝达格列什猛开一枪,击中达格列什的右肩。达格列什边喊边往外跑,想冲回自己的帐篷里取枪自卫。但马合木手持利剑,拦住达格列什的逃路,并将其数剑刺倒。赤手空拳的达格列什最终不敌对手,倒地昏厥。马合木站在达格列什的背上,狂踩多时,直到达格列什断气为止。

在马合木残杀达格列什的全过程中,安集延商人和拉达克喇嘛竟无一人敢出手相救。马合木行凶后,先让达格列什的仆人给自己做了一顿饭吃,后在达格列什的帐篷中睡了一觉，醒后逼迫安集延商人发誓保密，又将拉达克喇嘛赶回列城，最后朝着叶尔羌方向扬长而去。

当时的叶尔羌，是英籍商人在新疆境内的主要聚居地。达格列什是当地英侨领袖，在侨民中德高望重。曾目睹马合木行凶的安集延商人，在走到叶尔羌后，并未遵守他们被迫发的誓，而是将凶案真相告诉了当地英侨。英侨们闻知达格列什被杀后，极为震惊，结队前往莎车直隶州知州衙门告状，要求缉拿凶手马合木。时任莎车直隶州知州刘嘉德，对此案颇感棘手，因为杀人犯马合木和被害人达格列什，都不是大清臣民，且案发地点位于边境线上，难以勘查。于是，刘嘉德以涉案双方均系英国臣民为由，拒绝受理此案。马合木在叶尔羌小住几日后，又大摇大摆地去了喀什噶尔（插图29）。

达格列什本是英国商界名人，又因近年与卡瑞一起在中国西北考察，更是闻名世界。一个著名的英国白人，竟遭殖民地土著无端杀害，英印政府对此感到震怒。但当时英国在新疆没有领事机构，无法捉拿凶手，只能求助于唯一在喀什噶尔设有领事馆的俄国，愿悬赏5000卢比捉拿马合木。面对罕见的欧洲白人被杀事件，俄国驻喀什噶尔总领事彼德罗夫斯基也一反常态，积极协助英国追凶。马合木逗留喀什噶尔期间，彼氏曾多次建议喀什噶尔地方官府将其拘捕，但未获采纳。后来，马合木感到喀什噶尔也非安全之地，又逃往阿克苏方向。

当时正在新疆考察的英国人亨里·兰斯代尔，于1888年

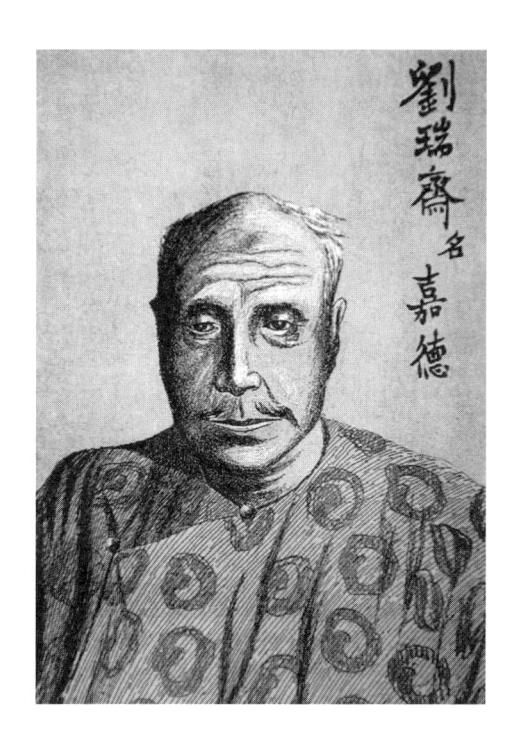

插图 29　拒绝受理"达格列什命案"的莎车直隶州知州刘嘉德

8月从北疆来到南疆阿克苏。他在阿克苏逗留期间,当地俄侨首领让他看了俄国领事馆下达的命令,令该人将英印政府悬赏捉拿马合木的告示"在巴扎上广为散发,而不要管中国官府会做什么"。兰斯代尔也调查了马合木的下落,但只查明马合木于几天前还在阿克苏,后来去了乌什直隶厅,最后钻进山里,混入柯尔克孜人部落中。此后,马合木下落不明,此案告一段落。

"达格列什命案"本是一起刑事案件,但其影响远远超出了司法范围。美国学者杰克·达布斯在1963年出版的《中国新疆的发现与探险史》一书中说:"达格列什被杀案的细节,对于本课题的研究至关重要。因为这个犯罪案比其他任何一个事件都更有效地引发了新的一轮探险活动,并且改变了此后20年间各考察队的侧重点。"该案直接催生两个必将影响新疆文物外流进程的历史事件,从而被铭刻在新疆考古史上,永远无法抹去。第一个事件,是英印政府于1890年派遣特工哈密尔顿·鲍威尔潜入新疆捉拿马合木,直接导致"鲍威尔写本"的发现。第二个事件,是英印政府于1890年派遣马继业(乔治·哈里代·马加尔特尼)常驻喀什噶尔,行使领事职责,而马继业又成为19世纪最后10年间英国搜集新疆文物的主将。

原载《团结报》2015年11月5日第8版。

十四 兰斯代尔献给光绪帝的新疆访古记

"达格列什命案"发生时,英国基督教传教士、神学博士亨利·兰斯代尔正走在前往中国新疆的路上。兰斯代尔长期担任基督教圣公会神职人员,又是英国皇家亚细亚学会、伦敦皇家地理学会的会员。为了调查在伊斯兰中亚地区传播基督教的可能性,兰斯代尔于19世纪80年代进行了三次中亚考察(插图30)。

兰斯代尔的第一次中亚考察,于1882年在俄国西伯利亚进行。他于当年6月29日到达圣彼得堡,结识了刚被任命为俄国驻喀什噶尔总领事的彼德罗夫斯基。随后,兰斯代尔来到西伯利亚,到处散发宗教小册子。结束这次考察后,兰斯代尔于1882年底在伦敦出版了游记《穿越西伯利亚》。兰斯代尔的第二次中亚考察,于1885年在俄属中亚进行,考察范围已扩展到历史、宗教等各个方面。兰斯代尔返回

插图 30　身披中亚武士铠甲、手持利斧的基督教传教士兰斯代尔

英国后，于1885年底在伦敦出版了两卷本游记《俄国的中亚》。为赢得俄国读者，兰斯代尔在征得沙皇亚历山大三世"恩准"的情况下，在书前印刷了以下献词："献给全俄罗斯的沙皇和独裁者亚历山大三世陛下。"在献词下方，刊登了兰斯代尔写给沙皇的一封感谢信。

1888年2月19日，兰斯代尔从伦敦起程，取道俄国，前往中国新疆，进行他的第三次中亚考察。他于7月21日到达新疆固勒札（伊宁），然后在北疆考察。随后，兰斯代尔翻越天山，于8月16日到达南疆阿克苏。在阿克苏，他首次听说同胞达格列什被杀之事，遂主动调查了凶手马合木的行踪。9月7日，兰斯代尔到达喀什噶尔，投宿于老相识彼氏的府邸。兰斯代尔发现彼氏藏书丰富，而且已搜集到一批突厥语写本。彼氏看到兰斯代尔同好古物搜集，也建议他在返回印度之前，一定要先去和阗碰碰运气。

兰斯代尔于1888年10月3日到达和阗。他逗留和阗期间，购买到一批"古董"级小文物。例如他在游记中记录说："至于我本人，我在（和阗）伊里齐买了一件浮雕宝石，据说是从一座名叫塔提的沙埋古城中发现的。该城大约在7英里以外，离杜尚比巴札不远。"在和阗搜集文物的同时，兰斯代尔还对当地的考古史进行了一次全面的调查。兰斯代尔离开和阗后，越过喀喇昆仑山口，于11月19日抵达拉达克列城，结束了考察。

兰斯代尔返回英国后，撰写了游记《中国的中亚》。该书在记录新疆历史、文化、民族、宗教、现状的同时，还用了相当大的篇幅，介绍了南疆的文物古迹及考古历史。从通俗的角度讲，这部书可被视作兰斯代尔的新疆访古记。

为了能让《中国的中亚》在中国产生影响，兰斯代尔在写书时就已经盘算，如何将该书献给光绪皇帝。为此目的，兰斯代尔请英国外交部给英国驻华公使华尔身下达指令，让他向清廷转呈献书请求。清总理衙门收到英方请求后，茫然不知所措，最后答复华尔身说："外国的书是不得献给中国皇帝的，除非该书被翻译成汉语文，并经过有关大臣的检查。"但为了表彰兰斯代尔的一片苦心，总理衙门还是给英使馆汉文副使朱尔典回信说："王公大臣认为，兰斯代尔博士特别研究了他旅行所经地区人民的风俗习惯，编撰了他希望能在中国广为流传的一部书，这确实非常值得嘉许。"华尔身、朱尔典收到总理衙门答复后，先后通知了英国外交部和兰斯代尔本人，此事不了了之（插图31）。

兰斯代尔当然没有能力将《中国的中亚》翻译成中文，于是决定尽快出版该书的英文版。1893年，两卷本的《中国的中亚》在伦敦出版，全书分50章，约970页。在未获清廷同意的情况下，兰斯代尔擅自在该书英文版上印刷了献词："献给威严的中国皇帝陛下。"在献词下方，兰斯代尔附了一封"致中国读者"的长信，对他擅自献书的做法表示歉

十四　兰斯代尔献给光绪帝的新疆访古记 | 097

插图 31　兰斯代尔献书时的光绪皇帝载湉

意，并解释个中原因。

兰斯代尔在《中国的中亚》中，全面讨论了南疆的考古史。他认为南疆最早的考古挖掘者，应是《拉失德史》中记录的阿巴乩乞儿。兰斯代尔的原话是："必须记住，已经出现过一位伟大的发掘者了，他就是15世纪末的阿巴乩乞儿。他曾经在喀什噶尔、叶尔羌与和阗的周围搜寻、筛选过遗址和坟岗，目的是寻找埋藏在下面的宝藏。挖掘工作是由一帮囚犯进行的。据说，在和阗附近的一个遗址中，发现了27只大罐子。每只罐子都大到足以容下一名全副武装的弓箭手的程度，罐子里面全部装满了沙金和银块。"

《中国的中亚》重点介绍了和阗、库车一带的文物古迹，综述了约翰逊、沙乌、佛塞斯、卡瑞等人的考古记录。在1888—1893年这5年间，南疆考古史上又发生了一系列重大事件，譬如"鲍威尔写本"之发现与解读等等，都被兰斯代尔一并收入书中。兰斯代尔预言："（'鲍威尔写本'）这一发现表明，还有可能发现其他写本。有人告诉我说，俄国人已经处于警惕状态，派出了专家去搜寻写本。再发现的写本，将更具有价值。"

当然，《中国的中亚》不只是一部新疆访古记。假如兰斯代尔献给光绪皇帝的书当时真被翻译成了中文，并能摆放到光绪帝的书桌上，"洋鬼子"眼中看到的大清新疆省，一定会给光绪帝留下深刻印象的。遗憾的是，120多年过去了，

《中国的中亚》至今尚无中译本问世。很少有中国学者引用过这部书,那么会有几位中国人阅读过兰斯代尔"致中国读者"的长信呢?

原载《团结报》2015年11月12日第8版。

十五
"鲍威尔写本"的发现

1889年6月,英属印度军官哈密尔顿·鲍威尔中尉获准休假一年。他计划利用这段假期,陪好友坎伯兰少校去帕米尔高原打猎。1889年7月7日,鲍威尔与坎伯兰到达列城。不久,他们遇到正要前往中国新疆叶尔羌做生意的法国商人德奥沃涅,三人决定结伴而行。德奥沃涅常年在克什米尔经商,熟悉并敬仰达格列什,一心想要将"达格列什命案"的真相调查清楚。

1889年7月27日,鲍威尔一行离开列城。他们翻越喀喇昆仑山口后,估摸出达格列什的遇害地点,合力用石头垒起一座金字塔形的纪念塔,然后将德奥沃涅从克什米尔随身带来的一块牌匾放置其上。3年后,英国贵族敦莫尔伯爵于1892年7月翻越喀喇昆仑山口时,最后一次看到过这块牌匾,上面用英文和阿拉伯文写着以下文字:"安·达格列什在此地倒下,他被一个阿富汗人谋杀。"

十五　"鲍威尔写本"的发现

鲍威尔和坎伯兰离开喀喇昆仑山口后，转往塔什库尔干一带打猎，然后于1889年11月13日到达叶尔羌。就在鲍威尔逗留叶尔羌期间，英国驻列城专员兰赛上尉派特务给他送来了一道密令，令他设法绕行南疆各绿洲，秘密捉拿马合木。鲍威尔后来回忆说："有一天，我骑马穿城，在人群中看到一张我熟悉的面孔。接着，那引起我注意的人来到我的马侧，说有一封带给我的信，但必须在秘密地点交给我。于是，我让他跟着我，来到我们的住处。他来了以后，将这封信交给我。该信的内容，是命令我设法拘捕杀害达格列什先生的凶手达德·马合木。"

鲍威尔接受任务后，与坎伯兰分道扬镳。他本人取得驻叶尔羌英国侨商的帮助，募集到一些英侨志愿者，然后带着他们西去喀什噶尔，追寻马合木的踪迹。当时英国在喀尚无领事机构，鲍威尔只好求助于俄国领事馆。此时，俄国总领事彼德罗夫斯基正在塔什干休假，代领事鲁奇接待了鲍威尔。两人会商各路情报后，决定派三队人马分头搜捕马合木：第一队去英控阿富汗的巴尔赫和马扎里沙里夫，第二队去俄属中亚的撒马尔罕和布哈拉，第三队由鲍威尔亲率，前往马合木最有可能藏身的阿克苏一带。

鲍威尔在阿克苏一带侦察多时，一无所获。于是，他又继续向东，于1890年2月底到库车直隶抚民厅一带搜寻，仍无收获。闷闷不乐的鲍威尔躺在库车的客栈里，正盘算着如何西返时，发生了一件与他的特工任务毫无关联的事情。3月2日，已定居库车30年的阿富汗商人古拉姆·喀迪尔·汗，敲开了鲍威尔的门，向他兜售了一件奇形怪状的古代写本，包括56张桦皮页子，夹在两块木板之间（插图32）。

原来，在1889年某时，古拉姆跟随库车的一帮觅宝人，在库车城以西约25公里处的库木吐喇石窟附近，距今编谷口区第9窟不远处，盗掘了一座古代佛塔废墟。觅宝人一直挖到佛塔的中心内室，从中发现了大量文物，包括用梵语、婆罗谜文写成的梵夹式古代佛教写本。但觅宝人首领哈吉似乎对古写本并不看重，将它们随意丢在家中院落的一个筐子里。商人出身的古拉姆预感到此物奇货可居，于是便向哈吉索要了几夹板写本。古拉姆在库车物色到的第一个买主，便是到此一游的鲍威尔。

鲍威尔买下古写本后，要求古拉姆领他去发现地点看看，古拉姆勉强答应。鲍威尔对此记录说："当我要求他带我去这个有趣的地方看看时，他犹豫了好半天。他说，别人若知道他把一个欧罗巴人带到那里去的话，便会杀了他。但最后，他还是答应带我去，条件是我们在夜晚行动，这样便不会被人看见了，我对此欣然同意。我们在半夜起程，一直朝着偏西方向前进。"天破晓时，古拉姆带着鲍威尔，来到库木吐喇石窟附近的写本出土地点（插图33）。

鲍威尔顺便考察了库木吐喇石窟，然后取道沙雅，于

十五 "鲍威尔写本"的发现 | 103

插图 32 "鲍威尔写本"之一页的正面（上）和反面（下）

插图33 "鲍威尔写本"出土于此类古代佛塔废墟的内室中

1890 年 4 月 1 日返回喀什噶尔。在这段路途中,鲍威尔领略到了"螳螂捕蝉,黄雀在后"的惊心动魄。原来,当鲍威尔奉命追捕马合木时,马合木的弟弟埃米尔·马合木也从印度潜入中国新疆,前来拯救他哥哥。埃米尔一路跟踪鲍威尔,伺机行刺。鲍威尔获得情报后,也安排手下人跟在埃米尔身后,意图牵制。当鲍威尔返回喀什噶尔后,俄国领事馆像变戏法一样,不知从何处抓获了马合木。无计可施的埃米尔,只能扬言要在鲍威尔押解马合木回印度的路上,杀死鲍威尔,救出马合木。但不久后发生了奇事,埃米尔突然自刎身亡,这让鲍威尔松了一口气。就在鲍威尔办理引渡马合木手续的过程中,又有奇事发生。鲁奇于 1890 年 6 月 13 日通知鲍威尔说,马合木也已自杀。此时,鲍威尔的假期将满,来不及调查奇案的真相,只好带着一夹板桦皮写本和一些古代钱币,离开喀什噶尔,返回印度。

鲍威尔于 1890 年 8 月 16 日返回驻地西姆拉后,于 9 月 30 日将所获写本和钱币寄给正在卸任的孟加拉亚细亚学会会长华特豪斯上校,请求学会组织专家鉴定、解读、估价。结果,该写本被鉴定为全世界最古老的梵语、婆罗谜文写本,并被命名为"鲍威尔写本"。"鲍威尔写本"的发现,是新疆考古史和文物外流史上的一个重大事件,具有里程碑性质和划时代意义。中亚考察活动的重心从此改变,考古学成为首要目标。1898 年,鲍威尔将"鲍威尔写本"卖给英国阔里奇古旧书店。1902年,牛津大学图书馆又以50英镑的价钱将该写本收入囊中,至今仍是牛大图书馆的镇馆之宝。

原题《世界最古老梵语写本的发现》。
原载《团结报》2015年11月19日第8版。

十六 马继业编织的南疆文物搜集网络

就在鲍威尔从中国新疆返回英属印度的 1890 年夏季，英印驻军上尉军官荣赫鹏（弗朗西斯·爱德华·杨哈思班）正带着他的助手兼汉语翻译马继业（乔治·哈里代·马加尔尼），走在前往中国新疆叶尔羌的"列城道"上。他们的目的地是帕米尔高原，要在那里执行英印政府下达的一项勘界任务。

荣赫鹏是罗伯特·沙乌的外甥。"外甥打灯笼——照舅"，荣赫鹏从小立志要像他舅舅一样，当一名中亚探险家。不久前的 1887 年，荣赫鹏在从北京返回印度的途中，取道内蒙古和新疆，对天山南北进行了第一次考察。荣赫鹏回到英国后，于 1888 年 5 月 14 日在伦敦皇家地理学会上宣读了游记《横穿中亚的一次旅行》，因而获得1890年度的金质"庇护者奖章"（插图 34）。

帕米尔高原自古以来就是中国领土，清朝乾隆以来对该

插图 34　将马继业带入中国新疆的荣赫鹏

十六　马继业编织的南疆文物搜集网络 | 109

地区连续实施有效的统治。但从19世纪中叶以后，南下的俄国和北上的英国，逐步侵占了帕米尔的北部和南部。英国探险家奈伊·艾里亚斯于1885年9月考察帕米尔高原后，向英印政府报告说，在英国保护国阿富汗与大清国之间，还留有一块未勘界的地区，建议尽快派人划定阿富汗与大清的边界，以防俄国找到南下的缺口。于是，英印政府选派荣赫鹏去实施这个建议。因为帕米尔勘界工作必定要和清朝政府协商，荣赫鹏需要最好的汉语翻译来帮助自己，他最终选中了马继业。

马继业是中、英混血儿的先驱，聪颖异常。他的父系祖先出自英国名门望族苏格兰马氏（马加尔尼），该家族与中国颇有渊源。马继业的远房叔祖马戛尔尼伯爵（乔治·马加尔尼），是英国第一位出使中国的使臣，于1793年来华觐见过乾隆皇帝。马继业的父亲马格里（塞缪尔·哈里代·马加尔尼），于1858年以军医身份来华参加第二次鸦片战争，战后加入戈登统领的"常胜军"，帮助李鸿章镇压太平天国运动。正因为马格里有这段奇迹，才会有未来中英关系史上的奇人马继业（插图35）。

1863年11月，李鸿章率"常胜军"围攻太平天国重镇苏州，马格里奉命前往劝降。太平天国纳王郜永宽，经不起马格里劝诱，与其议定投降条件，然后于12月4日开城门投降。但李鸿章进城后背信弃义，于12月6日设计伏杀郜

插图 35　首任英国驻喀什噶尔领事官马继业

永宽等 8 位太平军高级将领。也许是为了求得良心上的安慰，也许是因为怜香惜玉，事后的马格里特立独行，在已被没为官奴的郜永宽女眷中，挑选出最漂亮的郜氏女儿，置于自己的保护之下。1864 年，马格里奉调到南京，主办中国近代第一个兵工厂金陵机器局。当年 12 月，31 岁的马格里举行中国仪式，迎娶郜氏为正妻。1867 年 1 月，郜氏在南京为马格里诞下长子马继业。

马继业自幼在南京家中接受中、英双语教育，深受中国传统文化的熏陶。1875 年，清总理衙门奏派郭嵩焘出使英国，并派马格里先行，在伦敦筹建中国第一个驻外使馆。此后，自号"清臣"的马格里，在伦敦终生吃定清廷俸禄，一直担任中国驻英公使馆参赞，主持馆务长达 30 年之久。马继业 10 岁时，于 1877 年赴伦敦与父亲相聚。1886 年，马继业毕业于法国卡恩大学，随后于 1887 年来到英属印度谋职。因为父亲是"马清臣"，母亲是华人，马继业在英属印度政府里得不到重用，只谋得一个"缅甸事务委员会"汉语翻译的职位。

正当马继业感到郁郁不得志时，荣赫鹏找到了他，要将他带往清朝的新疆省。荣赫鹏和马继业到达叶尔羌后，又去帕米尔高原实地考察，与清朝官员会商划出大清国与阿富汗之间的边界线。随后，荣赫鹏和马继业于 1890 年 11 月 1 日到达喀什噶尔，前来监视俄国总领事彼德罗夫斯基的动向。

喀什噶尔道台向邦卓不愿英国人进城居住，将他们安排在喀什噶尔老城城墙外的一片带平房的花园里，该地名叫"秦尼瓦克"（意为"中国花园"）。1891年7月22日，荣赫鹏离开喀什噶尔，返回印度。行前，他给英印政府写信，建议让马继业以"英国克什米尔驻扎官负责中国事务的特别助理"身份，继续留在喀什噶尔，代行领事职责。当年24岁的马继业，从此定居秦尼瓦克，直到退休（插图36）。

马继业常驻喀什噶尔后，代表英国的利益，进行了一系列的活动。他利用父亲"马清臣"在清朝的地位，以"马少爷"自居，与许多新疆官员建立了友谊，逐步取得了对俄斗争的主动权。他重组了南疆各绿洲的英侨势力，在每个绿洲都任命一位只向自己负责的英商"阿克萨卡尔"（直译"白胡子老头"，意译"商约"），让他们作为当地的英侨领袖，管理英商事务，搜集俄国情报，并协助英国或亲英国家的旅行者。当彼德罗夫斯基开始为俄国大规模搜集南疆文物后，马继业也针锋相对，责成和阗、库车等绿洲的英商阿克萨卡尔，在当地控制各路觅宝人团伙，进沙漠搜寻沙埋古城，为英国争夺各类文物。

马继业常驻喀什噶尔28年之久，于1908年正式担任英国驻喀什噶尔领事，于1911年升任总领事，于1918年52岁时提前退休。这28年间，正是中国西部文物大规模外流的高潮期。马继业利用自己精心编织的南疆文物搜集网络，

插图36　马继业在秦尼瓦克逐层垒起的英国驻喀什噶尔政治代表处、领事馆、总领事馆建筑物（上）及其现状（下）

在前 10 年亲自搜集文物，在后 18 年协助斯坦因等探险家进行考古挖掘，结果导致大量新疆、甘肃文物外流到英国。

原载《团结报》2015 年 11 月 26 日第 8 版。

十七 在东土寻觅西天梵经的第三次浪潮

东方学之树的两大分枝,即印度学(梵学)和中国学(汉学),在19世纪上半叶就出现了局部的相互缠绕趋势。因佛教研究而形成的交叉部分,独树一"枝",枝繁叶茂,硕果累累。

佛教东传后,在印度本土逐渐衰微,近代几近绝迹,早期的东方学家并未将远东佛教与印度联系起来。1807年,孟加拉亚细亚学会会长考尔布鲁克发表《关于耆拉教派的观察结果》一文,第一次推论佛教源于印度。此后,对佛教东传线路的研究,对中国古代西行求法高僧游记的研究,成为印度学家和汉学家共同关注的课题。

1816—1836年间,德国汉学家克拉普洛特、法国汉学家雷慕沙、兰德瑞瑟这三人前仆后继,将东晋法显《佛国记》翻译成了法文,并于1836年在巴黎出版。兰德瑞瑟于

1835年接手法译工作后，得到他的老同学、法国印度学家布尔诺夫的大力协助。这是汉学家和印度学家的第一次联手，他们从中找到了共同语言。

第一次鸦片战争后，英国东印度公司董事、皇家亚细亚学会会员、印度学家塞克斯和香港总督兼英军总司令德庇时等人合作，于1844—1848年掀起了在东土寻觅西天梵经的第一次浪潮，主要目标是法显"西天取经"的遗物，但一无所获。《佛国记》法译本问世后，法兰西学院汉学教授儒莲开始研究唐僧玄奘，并于1853年在巴黎出版了《大慈恩寺三藏法师传》的法译本。英国牛津大学梵语教授、东印度公司图书馆馆长、皇家亚细亚学会会长威尔逊读了该书后，与香港总督兼英军总司令包令等人合作，于1854—1857年掀起了在东土寻觅西天梵经的第二次浪潮，主要目标是玄奘"西天取经"的遗物，但仍无实质性结果。

威尔逊遥控在中国寻觅梵语写本的活动时，他的德裔弟子弗里德里希·马克斯·缪勒正在牛津等待结果。缪勒于1843年毕业于德国莱比锡大学，1845年到巴黎拜布尔诺夫为师，1846年又到牛津拜威尔逊为师，最终于1854年担任牛津大学比较语言学教授。威尔逊寻经失败后，缪勒"本人确信印度古写本在中国仍然存在着"。因此，从1855年开始，他"利用一切机会，要求去中国的每一位朋友都帮我寻找这些宝物，但是毫无结果"。正在此时，儒莲于1857—

1858年在巴黎出版了玄奘《大唐西域记》的法译本，这让缪勒等印度学家更加垂涎三尺（插图37）。

1876年，缪勒获得一部日本刊《梵汉小语汇》，这将他的目光从中国吸引到了日本。恰在此时，日本"明治维新"后由佛教净土真宗东本愿寺派赴英国学习梵语的两名僧人，即南条文雄和笠原研寿，于1879年转学到牛津，拜在缪勒门下。缪勒给他们提出的第一个要求，便是设法调查日本所藏的梵语写本。从1880年开始，缪勒和南条、笠原等人一起，掀起了在东土寻觅西天梵经的第三次浪潮。这次浪潮的浪头，已从中国扑向了日本（插图38）。

此后，通过南条、笠原的努力，许多深藏于日本佛寺中的梵语写本抄件，陆续落入缪勒手中。它们大都来历清晰，多系古代日本遣隋使、遣唐使、留学僧从中国带回日本的礼物。其中年代最古老者，是收藏于奈良法隆寺的两张棕榈叶梵语写本，内容是《般若波罗蜜多心经》和《尊胜陀罗尼》。这两张被定名为"法隆寺写本"的梵经，原属520年左右从南天竺移居中国的禅宗始祖菩提达摩，后藏南岳衡山的一座佛寺中。日本推古天皇和圣德太子派遣的遣隋使小野妹子于609年返回日本时，将这两张写本带回奈良，同年入藏法隆寺。

缪勒研究了"法隆寺写本"后，于1883年5月宣布："'法隆寺写本'属于世界上最早的梵语写本。法隆寺棕榈叶

插图 37　牛津大学比较语言学教授缪勒

十七　在东土寻觅西天梵经的第三次浪潮 | 119

插图38　缪勒（中）和他的日本弟子南条文雄（左）、笠原研寿（右）

于公元609年带来日本,在此之前一定在中国保存了一段时间。"1884年,欧洲最权威的印度古文字学家乔治·比累尔进一步宣布:"这个显然由印度人抄写的写本之年代,不可能晚于公元6世纪前半叶。"此后若干年间,"法隆寺写本"被认定为世界上最古老的梵语、婆罗谜文写本。

缪勒在关注日本藏梵经的同时,也盘算着如何继续在中国寻觅梵经。1879年1月,清末中国最优秀的佛教学者杨文会(仁山)居士,随清朝驻英、法公使曾纪泽到达伦敦。不久后,杨文会结识了南条。又通过南条的介绍,杨文会于1882年在牛津拜见了缪勒。缪勒于1883年回忆说:"去年,有一个中国佛教徒来拜访我,他是一个卓越的学者,名叫杨文会。……我问他:当他从一个寺院到另一个寺院旅行的时候,是否曾碰见过用梵语或者巴利语写成的写本?他回答说:他从未见到过这类写本。他还说:中国现在几乎没有一个和尚懂梵语。我又问他:从公元1世纪开始,至少到公元12世纪为止,有大量的梵语写本从印度传到中国;在他看来,这些梵语写本的下场会是怎样呢?他回答说:自唐宋以来,许多古塔古庙已被焚毁,最有可能发生的情况是,这些写本已经与那些古塔古庙同归于尽了;梵语写本以前多藏在陕西、山西、河南和北京一带。他答应,回中国以后,要前往这些北方省份探访一下,以证实那些地方是否仍能发现任何梵语写本。"(插图39)

十七　在东土寻觅西天梵经的第三次浪潮 | 121

插图 39　1882 年在牛津拜见过缪勒的杨文会

当然，杨文会一直没有机会帮助缪勒从中国寻找梵语写本。曾纪泽于 1886 年回国后，杨文会接着又协助继任公使刘瑞芬，直到 1889 年最终回国。次年开始，梵语佛经在新疆省陆续发现，但那已不是杨文会力所能及的搜寻范围了。

原载《团结报》2015 年 12 月 3 日第 8 版。

十八 霍恩勒解读"库车文书"的起始

库车觅宝人于1889年从库木吐喇石窟附近佛塔废墟中挖出的古代写本,今称"库车文书"。其中流失海外的第一件文书,便是鲍威尔所获桦皮写本。鲍威尔返回西姆拉后,于1890年9月30日将桦皮写本寄给孟加拉亚细亚学会的卸任会长华特豪斯上校。1890年11月5日晚9时,该学会召开月会。华特豪斯在会上首次展示桦皮写本,并当众宣读了鲍威尔的9月30日札记,介绍桦皮写本的发现过程和出土地点。

彼时,全亚洲最权威的印度古语言文字学专家,是孟加拉亚细亚学会的德裔总干事鲁道尔夫·霍恩勒。但霍恩勒正在欧洲度长假,华特豪斯只好请其他会员来鉴定桦皮写本。会员们虽然兴趣盎然,但却无法确定写本的性质。只有印度土著学者中的佼佼者萨拉特·钱德拉·达斯,还敢于发表一点看法，因为他曾于1879年、1881年两度进入中国西藏，搜集过一些梵、藏语文写本。达斯站起来表态说：这件桦皮写本看上去非常古老，应该具有重大的价值。在会员们的强烈要求下，达斯答应先对桦皮写本进行试解读（插图40）。

1890年11月，达斯在彭措喇嘛的协助下，对桦皮写本进行了第一次解读，但没有成功。他只得出了两点看法：（1）塔里木盆地曾存有大量梵语佛典，桦皮写本应是重见天日的其中一部；（2）桦皮写本的文字与古藏文产生时所依据的婆罗谜文变体相似，其年代应在7世纪中叶以前。

达斯解读桦皮写本失败后，孟加拉亚细亚学会决定面向全社会征募解读者。1890年11月，《孟加拉亚细亚学会纪要》刊登了征募启示，最后解释说："我们这样做的目的，是寄希望于我们的一些会员，也许他们有能力解读该写本，或就其年代和来源提供更进一步的线索。"为引起读者的兴趣，《纪要》全文刊登了鲍威尔的9月30日札记。为展示样本，学会请印度测量局将桦皮写本的两张页子翻拍成照片，制做成图版，装订在该期《纪要》的末尾处。此后，印度各大报纸纷纷报道此事，也转载鲍威尔札记，引起了舆论轰动。

当《纪要》1890年11月号传入欧洲后，奥地利维也纳大学德裔印度学教授乔治·比累尔也跃跃欲试。比累尔是当时全世界最权威的印度古文字学家，1884年帮助好友马克

插图 40 "鲍威尔写本"的第一个解读者达斯

斯·缪勒，将日本奈良"法隆寺写本"确定为全世界最古老的梵语写本，认为其年代"不可能晚于公元6世纪前半叶"。当比累尔看到库车文书桦皮写本的两页照片后，立即进行研究，撰成《论明屋写本或"鲍威尔写本"》一文，发表于《维也纳东方学杂志》上。比累尔首次将桦皮写本定名为"鲍威尔写本"，并认为"鲍威尔写本"的年代应在450—550年间，极有可能在5世纪末。这样，"法隆寺写本"的世界最古老梵语写本纪录，仅保持6年后就被打破了（插图41）。

比累尔当然知道，孟加拉亚细亚学会是不会让他来解读"鲍威尔写本"的，因为该学会的总干事霍恩勒完全有此能力。于是，比累尔在文章末尾处建议说："我们希望，孟加拉亚细亚学会有能力的、有学问的总干事霍恩勒博士，将能够把该写本抓到手，并能给我们完整地描述该写本的内容。如果孟加拉亚细亚学会真愿意全心全意地为印度古文字学研究者们提供服务的话，那它就应该将整个写本都拍摄成照片，然后制版刊布。该写本的每一行文字都具有极其重要的意义。"

而此时的霍恩勒，还正在欧洲各地漫游，对"鲍威尔写本"的发现一无所知。1891年初，霍恩勒乘轮船从英国返回印度。船过红海后，在英属也门首府亚丁休息时，霍恩勒偶然看到一份印度《孟买报》，第一次看到有关鲍威尔发现桦皮写本的报道，以及鲍威尔的1890年9月30日札记。无巧

插图 41 "鲍威尔写本"的第二位解读者比累尔

不成书，曾与鲍威尔同游新疆的坎伯兰少校，恰与霍恩勒同船，于是霍恩勒又从他那里了解到许多背景信息。1891年2月，船抵加尔各答，霍恩勒下船后立即去见华特豪斯，声称自己拥有该写本的解读权，从华特豪斯手中索回了"鲍威尔写本"（插图42）。

1891年3月中旬，霍恩勒初步整理出"鲍威尔写本"的几条线索。1891年4月1日晚，他在孟加拉亚细亚学会月会上宣读论文《喀什噶里亚（南疆）出土古代桦皮写本》，第一次公布了他在写本年代、内容等方面的发现，其结论与比累尔不谋而合。霍恩勒的论文后来刊登在《纪要》1891年4月号上，同期还刊布了"鲍威尔写本"另两张页子的照片。当《纪要》1891年4月号传到维也纳后，比累尔又对新刊写本页子进行了解读，撰成《再论明屋写本或"鲍威尔写本"》一文，发表于《维也纳东方学杂志》上。

在解读"鲍威尔写本"的过程中，比累尔依据的是几张照片，霍恩勒则掌握着全部写本实物，这已证明比累尔的学术功力要高出一筹。感到压力的霍恩勒，只能加快解读步伐。在《孟加拉亚细亚学会会刊》的1891年卷上，霍恩勒发表《论"鲍威尔写本"的断代》一文，将写本年代定在400—500年间，认为其最早部分应写于425年或更早。在《印度文物工作者》的1892年卷上，霍恩勒又发表《关于"鲍威尔写本"断代问题的札记》，将写本年代提前到350—500年

十八 霍恩勒解读"库车文书"的起始 | 129

插图 42 霍恩勒最终解读"鲍威尔写本"的地点——孟加拉亚细亚学会博物馆

间，认为其最早部分应写于 400 年左右。这种急功近利的研究态度，以及不断自我更新的结果，虽能给霍恩勒带来越来越大的功名，但也为他的学术生涯埋下了祸根。

原载《团结报》2015 年 12 月 10 日第 8 版。

十九 "韦伯写本"的来龙去脉

"库车文书"于 1889 年出土后,参与盗宝的阿富汗商人古拉姆·喀迪尔·汗掌握了其中的几件婆罗谜文写本。古拉姆于 1890 年 3 月 2 日将一夹板桦皮写本卖给了鲍威尔,随后又将手中的其余写本送给他住在叶尔羌的弟弟迪尔达尔·汗。自 1881 年英国控制阿富汗外交权之后,凡住在新疆的阿富汗商人,都持英国护照,具有英国侨民身份。侨居库车长达 30 年之久的古拉姆,及其常住叶尔羌经的弟弟迪尔达尔,当然都属英国侨商,与各地英国代理人保持着经常性的联系。

1891 年,迪尔达尔去英属印度经商,随身带走了他哥哥送给他的几件"库车文书"。途经列城时,为了感谢英国驻拉达克专员署的印度土著秘书阿赫玛德·丁,迪尔达尔将他手中的一件写本赠送给了阿赫玛德。这件写本与"鲍威尔写本"一样，属印度梵夹式写本，但夹在两块木板之间的并非桦皮页子，而是76张纸页。阿赫玛德对此类写本没有多大兴趣，便随手放在了一边（插图43）。

当"英国克什米尔驻扎官负责中国事务的特别助理"马继业在喀什噶尔站稳脚跟后，感到工作量太大，要求英印政府委派助手。英印政府遂于1892年春下令，将阿赫玛德调往喀什噶尔，给马继业当秘书。就在阿赫玛德准备动身的过程中，遇到了正要经列城前往帕米尔高原打猎的英国军官敦莫尔伯爵（插图44）。

敦莫尔于1892年5月26日到达列城后，与阿赫玛德约定：两人一起前往喀什噶尔；在到达喀什噶尔之前，阿赫玛德担任敦莫尔伯爵的译员。敦莫尔在列城逗留期间，还于1892年6月初结交了当地的一位欧洲名人，他就是基督教摩拉维亚教会派驻列城的德国籍传教士韦伯。

摩拉维亚教会是欧洲宗教改革后创建于德国萨克森的一支新教教派，信奉胡斯教义，属基督教。该教派于19世纪60年代在英属印度西北重镇基耶朗建立教堂，作为挺进中亚的基地。韦伯于19世纪70—80年代奉派进入中国西藏传教9年，同时学习藏语，搜集藏族文物。该教派于1885年在列城设立传教站，韦伯是其创建人之一，同行传教士多为德国人。韦伯转往列城传教后，对文物的热情不减，并以学识渊博而闻名遐迩。1890年7月，鲍威尔带着所获桦皮写

十九 "韦伯写本"的来龙去脉 | 133

插图 43 "韦伯写本"的转手之地——列城中心广场，英国驻拉达克专员署和摩拉维亚教会传教站均在此附近

插图44 "韦伯写本"转手的见证人——敦莫尔伯爵。英国著名漫画家"间谍"(莱斯列·瓦德爵士)绘制

本从喀什噶尔返回印度的途中，曾在列城逗留，并向韦伯出示过写本，请其鉴定年代。韦伯看到"鲍威尔写本"后，也开始留意出自新疆的古代写本。

敦莫尔结识韦伯后，对其学问赞不绝口。他在1892年6月3日日记中这样记录："请摩拉维亚教会传教士首领韦伯先生一起吃午饭。他曾在西藏住了9年，与佛教徒们住在一起，比佛教徒们都更加了解他们的宗教。他讲的藏语完美无缺。"阿赫玛德追随敦莫尔与韦伯交往的过程中，于1892年6月18日取出迪尔达尔送给他的一夹板"库车写本"，当做"西藏写本"送给了韦伯。阿赫玛德在送书时，还给韦伯口译了"发现人用乌尔都语写成的一封信"，上面记录了写本的来源信息。

韦伯收到阿赫玛德赠送的写本后，只在自己的手中留置了3天。他因为看不明白其内容，便在同行传教士沙沃的建议下，于1892年6月21日将写本寄给了孟加拉亚细亚学会总干事霍恩勒，以求解读。韦伯在给霍恩勒写的附信中说："我成功地获得了一部肯定非常古老的书，我冒昧地将这部古书呈交给您，请您做必要的检查。"阿赫玛德给韦伯送书后，便于1892年7月2日随敦莫尔一起离开列城，前往喀什噶尔，中断了与韦伯的联系。

霍恩勒收到韦伯寄来的写本后，将其命名为"韦伯写本"，并很快完成了对该写本的初步解读。在《孟加拉亚细亚学会会刊》1893年卷上，霍恩勒发表了《"韦伯写本"——又一批中亚出土古写本》，并刊布了该写本4张页子的照片。根据霍恩勒的研究结果，"韦伯写本"由9部分组成，全部用婆罗谜文笈多体写成，除无法判定的第9部分外，其余各部分均使用梵语。霍恩勒还断定，"韦伯写本"的年代不可能晚于7世纪，其中第1—4部分应与"鲍威尔写本"同时代，应为5世纪物。

1893年9月2日，霍恩勒又给沙沃写信，要求他在列城设法调查、购买更多的"库车文书"。1893年9月18日，沙沃给霍恩勒回信说："我还查明了一件事情。有一包类似'韦伯写本'、但体积更大一些的写本，现在掌握在一名帕坦人的手中，但是现在找不到他的踪影。他似乎已经去了喀布尔。我还没能成功地获取任何更进一步的信息。但是我希望，百姓已经意识到，如果能提供这一类的纸片，他们就有可能获得一笔奖金。"这条信息很重要，因为它反映了"库车文书"在列城、阿富汗之间的流传。只是这位可能已去阿富汗喀布尔的帕坦人（普什图人）之身份难以确定，他所掌握的那件类似"韦伯写本"的大写本，此后一直没有现身。

"韦伯写本"是流入英国人之手的第二件"库车文书"写本，也是第一件纸质写本，因而在新疆考古史上具有重要意义。后来，霍恩勒从韦伯手中买下了"韦伯写本"，在考释完毕后一直留在身边。1899年4月，霍恩勒从印度退休时，将"韦伯写本"随身带回英国牛津。1902年,霍恩勒将"韦伯写本"卖给了牛津大学图书馆,成为该馆的又一件镇馆之宝。

原载《团结报》2015年12月17日第8版。

二十
流入圣彼得堡的"喀什噶尔写本"

1889年"库车文书"的出土,1890年"鲍威尔写本"的发现,1891年霍恩勒、比累尔将"鲍威尔写本"鉴定为世界最古老梵语、婆罗谜文佛典,这一系列消息震动了整个国际印度学界。

"库车文书"发现时,俄国印度学的领袖,是圣彼得堡大学东方语言学院梵语教授伊万·巴夫诺维奇·米纳耶夫。米纳耶夫上大学期间主攻汉语,毕业后才转攻梵语,被公认为俄国印度学的奠基人。因为精通梵、汉二学,米纳耶夫长期关注佛教东传线路问题。当普尔热瓦尔斯基第四次中亚考察报告书《第四次中亚考察记》于1888年出版后,米纳耶夫于1889年在俄国《国民教育部杂志》第264号上发表书评《一条被遗忘了的通往中国之路》。他在该文中认为:"位于罗布淖尔与和阗之间的整个这片地区,应该有人去聚精会神地关注它，并进行历史学和考古学方面的研究。"因此，他在该文的最后呼吁：俄国应向塔里木盆地派出一支考古学考察队。但米纳耶夫"壮志"未酬，刚满 50 岁便于 1890 年去世（插图 45）。

米纳耶夫去世后，他的爱徒、圣彼得堡大学梵语副教授谢尔盖·费多罗维奇·鄂登堡自然成为全俄最权威的印度学家。1890—1891 年，正当鄂登堡忙于整理米纳耶夫旧藏尼泊尔梵语写本之际，"鲍威尔写本"落入英国人之手的消息，促使他将注意力转向了塔里木盆地。鄂登堡判断，梵语、婆罗谜文佛典在塔里木盆地的蕴藏量极大。于是，他决定要完成老师米纳耶夫的遗愿，推动俄国向塔里木盆地派遣考古学考察队的进程（插图 46）。

1891 年 11 月初，鄂登堡向俄罗斯帝国考古学会东方分会会长、俄罗斯科学院院士维克多·罗曼诺维奇·罗森提出建议，希望能由考古学会东方分会出面，敦请俄国驻喀什噶尔总领事彼德罗夫斯基就近调查一下"库车文书"的出土情况。罗森和彼氏于 1890 年 3 月 15 日在圣彼得堡召开的考古学会东方分会上初次见面，两人当时约定，彼氏今后应直接向罗森汇报塔里木盆地考古情报。因此，当罗森收到鄂登堡的建议后，便于 1891 年 11 月 28 日给彼氏写了一封询问信，主要向彼氏提出两点请求：（1）调查"库车文书"的出土情况，尽可能获得其剩余部分；（2）就俄国拟向塔里木盆地派出一

插图 45 最早鼓励俄国人搜集塔里木盆地佛教文物的米纳耶夫

二十 流入圣彼得堡的"喀什噶尔写本" | 141

插图 46 近代俄国搜集中国西北文物的主将鄂登堡

支考古学考察队的可行性提出建议。

当鲍威尔于1889—1890年游历新疆时,彼氏恰好返回塔什干、圣彼得堡休长假,并不在喀什噶尔。当彼氏于1890年夏季返回喀什噶尔后,听到鲍威尔已在库车获取写本的消息,不禁捶胸顿足。因为他觉得自己在喀什噶尔搜集文物多年,却失去了这次扬名天下的好机会,深感遗憾。随后,彼氏给库车的俄国侨商首领下达命令,让他设法打听"库车文书"的下落,并尽可能获取其余部分。结果,除了古拉姆·喀迪尔·汗等人从觅宝人首领哈吉家里拿走的十几夹写本外,原存哈吉家中的大部分"库车文书"写本,被彼氏一网打尽。

正当此时,罗森给彼氏写来了询问信。于是,彼氏决定,要将他的个人爱好与俄国的国家利益结合起来,以搜集塔里木盆地文物的方式,更多地为俄国做贡献。彼氏于1892年1月27日给罗森写了一封很长的汇报信,叙述他搜集文物的经过,并附寄了他在库车所获一批写本的照片和一部分写本的残页。从此以后,彼氏源源不断地将他手中的写本从喀什噶尔寄回圣彼得堡。由于俄国人喜欢用"喀什噶里亚"或"喀什噶尔"代表塔里木盆地,彼氏寄回的"库车文书"写本,一直被称作"喀什噶尔写本"。

在罗森的安排下,鄂登堡负责对"喀什噶尔写本"进行鉴定、整理、解读与考释。鄂登堡于1892年春收到第一批

"喀什噶尔写本"残页后,迅速对其进行了鉴定,于1892年5月写成《尼·费·彼德罗夫斯基的"喀什噶尔写本"》一文,发表在《俄罗斯帝国考古学会东方分会纪要》第7卷(1892年卷)上。随后,鄂登堡又在同《纪要》上发表了一系列文章,陆续刊布"喀什噶尔写本"。

为了能实地调查、搜集塔里木盆地文物,鄂登堡于1892年向圣彼得堡大学提出申请,希望能于1893年5月1日至11月1日间赴塔里木盆地,领导一次考古学考察。在罗森的大力支持下,俄罗斯科学院也同意资助鄂登堡的考察。但由于彼氏贪功作梗,建议暂缓派遣考察队入疆,致使鄂登堡未能成行。

彼氏在他于1892年1月27日写给罗森的信中承认:"我感到如此痛心疾首,因为鲍威尔在我之前发现了写本。这是一个太过简单的相遇,但我还是忍不住想,为之狂喜的人本来应该是我。"正是怀着这种嫉妒心理,彼氏在"库车文书"逐渐销声匿迹后,又将触手伸向塔克拉玛干沙漠周围的其他绿洲。他利用自己早已在南疆各地编织好的俄侨网络,疯狂地搜集塔里木盆地各绿洲出土的文物,再将它们寄回圣彼得堡。这些来自南疆各地的文物中,写本部分仍被统称为"喀什噶尔写本",偶尔又被称为"彼德罗夫斯基写本",今藏圣彼得堡的俄罗斯科学院东方写本研究所。

1955年11—12月,苏联部长会议主席布尔加宁和苏共中央第一书记赫鲁晓夫联袂访问印度期间，向印度总理尼赫鲁赠送的国礼，竟然是数百张俄藏"喀什噶尔写本"的缩微胶卷。缩微胶卷的内容，正是彼氏在中国塔里木盆地盗获、鄂登堡在圣彼得堡鉴定过的梵语、婆罗谜文《妙法莲华经》写本残页。

原载《团结报》2015年12月24日第8版。

二十一
法国教育部与中国和阗文物

19世纪后半叶,当英、俄两个"超级大国"在中国新疆哄抢文物时,列强老三法国也不甘示弱,伺机出手。1889年前后,法兰西研究院碑铭学与美文学科学院、巴黎地理学会、法国亚洲学会、法兰西学院等机构中的一批东方学家,纷纷向法国政府教育部(全称"公共教育与美术部")建言,要求法国政府积极参加搜集中国西部文物的活动。因此,法国教育部于1889年12月出面,与刚从中国西藏考察归来的职业探险家朱里斯－里昂·杜特列·德·兰斯(姓"杜特列·德·兰斯",简称"杜氏",旧译"吕推")取得联系,委托他再组建一支前赴中国新疆的法国国家考察团(插图47)。

1890年7月23日,法国教育部部长里昂·布尔乔瓦宣布,由杜氏任团长、科学家兼东方学家费尔南德·格瑞纳德(旧译"李默德")为副手的法国"高地亚洲科学考察团"(简

插图 47　法国探险家杜特列·德·兰斯。1892 年摄于和阗

称"杜氏考察团"),定于1891年前往中国,以新疆省和阗直隶州为根据地,进行一次为期3年的综合性科学考察,主要目标之一是搜集和阗文物。在法国驻华公使李梅的努力下,清朝总理各国事务衙门于1890年10月3日向杜氏考察团颁发了游历护照。杜氏考察团出发前,法国教育部于1891年2月14日给杜氏下达了在华进行"三大战役"的具体任务指令。

法国教育部给杜氏下达的指令全文如下:"你们考察团的名称本身已经表明,你们首先应该尽快地赶往和阗(中国新疆)。从和阗开始,你们要切实展开以下工作:尽最大可能,去搜集与地理学、语言学、民族学、考古学、历史学和自然科学有关的资料。从今年(1891年)起,你们应将勘测工作尽可能远地推往北纬36度以南、和阗以东地区。1891年与1892年之交的冬季,你们应该在和阗度过。在你们于1892年进行的第二次战役期间,你们应该完成在中国新疆南部地区的基本探险工作。虽然也委托你们在西藏从事科学工作,但如果以目前的条件你们尚无法进入西藏的话,那么你们也可以经蒙古西南部,前往西宁(甘肃省)方向。你们可审时度势,进行你们的第三次战役。这次战役的目标,可以是在蒙古中部探险,然后在中国内地的北方诸省进行简单的旅行,直到北京。当你们到达北京后,便会得到新的一般指令,指示你们如何返回法兰西。"杜氏考察团后来的活动,基本上是按照这一指令进行的。

杜氏考察团于1891年2月19日离开巴黎,取道俄国,于6月9日到达中国喀什噶尔,由俄国驻喀总领事彼德罗夫斯基接待。6月24日,杜氏考察团离开喀什噶尔,于7月7日到达考察根据地和阗。在8月以后的半年间,杜氏考察团在和阗周围进行了"第一次战役"。其间,考察团搜集到古代陶器、陶塑、钱币等大量文物。1892年1月20日,考察团返回喀什噶尔。在喀逗留期间,考察团还前往秦尼瓦克,拜访了刚站稳脚跟的马继业(插图48)。

1892年4—11月,考察团以和阗为根据地,进行了"第二次战役"。4月13日,杜氏一人前往和阗绿洲西南端、喀拉喀什河东岸的阔玛日山考察,此山即玄奘《大唐西域记》中记录的瞿室陵伽山(牛角山)。杜氏在这里从觅宝人手中获得一件用佉卢文写在桦皮上的古代残写本,据说原藏地点是山崖上的阔玛日石窟(今称"阔库玛日木石窟")。于是,杜氏当日钻进石窟,进行了初步的调查。在杜氏指点下,格瑞纳德于6月5日再入该石窟,又找到原属于同一件桦皮写本的其余残片(插图49)。

杜氏考察团在"第二次战役"的后期,还翻越了昆仑山,经西藏西北部,于1892年10月初到达拉达克列城,拜见了韦伯等名人。10月中旬,考察团离开列城,越过喀喇昆仑山,再入中国新疆省境,于11月21日返回和阗,结束"第

插图 48 杜氏考察团在和阗获取的于阗故都约特干遗址出土小陶塑

插图 49　法藏佉卢文桦皮写本发现地点阔玛日石窟。杜氏考察团于 1892 年考察时绘插图（左），斯坦因于 1900 年调查时摄影（右上），笔者于 2010 年调查时摄影（右下）

二次战役"。1892年底至1893年初，杜氏留在和阗养病。格瑞纳德则于1893年1—3月在喀什噶尔休息，将"杜氏写本"寄回法国巴黎。当俄国总领事彼氏听说法国人在和阗发现古代桦皮写本的消息后，迅速采取秘密行动，将同一件桦皮写本的其余部分（也是大部分）搜罗殆尽，然后寄回圣彼得堡。

1893年3月底，病愈后的杜氏与格瑞纳德一起离开和阗，开始进行"第三次战役"。杜氏考察团先在西藏北部考察，然后转向东北方。1894年6月2日，考察团到达长江上游通天河畔，在结古镇（今青海玉树）以北的通不多村安营扎寨。6月5日，当考察团离开通不多时，与当地藏民发生了冲突。杜氏在混战中被藏民杀死，格瑞纳德等人落荒而逃。格瑞纳德于7月15日到达西宁府报案，再经兰州府、西安府、太原府，赶往北京。

格瑞纳德于1894年12月16日到达北京后，立即向新任法国驻华公使施阿兰报告杜氏被杀经过。施阿兰随即向清总理各国事务衙门交涉，提出40万法郎（约合6.4万两白银）的人身赔偿金要求。当时中日甲午战争战事正酣，清廷国库空虚，军费不足，但最后还是为杜氏一条命赔偿了25万法郎（约合4万两白银）。

格瑞纳德于1895年初从天津乘船返回法国后，立即着手整理文物，撰写考察报告书。他于1898年在巴黎出版的报告书《1890—1895年的高地亚洲科学考察团》第3卷中，刊布了杜氏考察团所获大部分和阗文物。

原载《团结报》2015年12月31日第8版。

二十二 李透代尔夫妇在中国西北的访古之旅

英国博物学家、旅行家圣乔治·李透代尔，和大自己12岁的寡妇特丽莎·哈里斯结为夫妻后，终生情深意切，形影不离。夫妇俩马不停蹄，一生走在环球旅行的乐途中，为英国多家博物馆搜集了大量珍稀动、植物标本，也留下许多有关沿途文物古迹的记录（插图50）。

李透代尔出生于英国利物浦的一个富贵家庭，但因学业无成，很早便开始了环球旅行生涯。1874年10月，23岁的小富豪李透代尔在日本横滨结识了苏格兰富翁威廉·约翰·斯考特，及其35岁的加拿大妻子特丽莎。随后，三人结伴旅行到印度克什米尔。1875年6月，当他们即将返回利物浦的时候，斯考特突然罹患伤寒去世。1877年2月，26岁的李透代尔迎娶了38岁的特丽莎，两人欢度蜜月的地点就选在克什米尔及拉达克。

插图 50　终生情深意切、以环球打猎旅行为乐的李透代尔夫妇

二十二　李透代尔夫妇在中国西北的访古之旅

从此以后，李透代尔夫妇结伴在北美、亚洲无数次旅行，主要工作是为利物浦博物馆、伦敦自然史博物馆搜集动物、植物标本。1890 年，李透代尔夫妇进行了第一次中亚考察。他们从俄属中亚进入帕米尔高原后，一直走到克什米尔。1893 年，李透代尔夫妇又在中国西北进行了第二次中亚考察。他们在这次考察过程中，不可避免地要从事一些访古活动。

1893 年 1 月 31 日，李透代尔夫妇离开英格兰，取道俄属中亚，于 3 月 22 日到达喀什噶尔。在喀期间，李透代尔夫妇由马继业负责接待，也拜访了俄国总领事彼德罗夫斯基。李透代尔夫妇早已听闻"鲍威尔写本"之事，他们于 3 月 29 日离开喀什噶尔后，于 4 月中旬直奔库车直隶抚民厅，想要到"鲍威尔写本"的出土地点库木吐喇石窟进行一番调查。

库车直隶抚民厅同知潘震自 1889 年上任以来，接连遇到境内发生觅宝人盗挖佛塔遗址、外国人竞买出土写本等重大案件，这让他感到非常棘手。他曾将私带鲍威尔夜访库木吐喇石窟的古拉姆·喀迪尔·汗痛杖 200 大板，想以此方式禁阻当地居民私带外国人参观库木吐喇石窟，但并不起作用。而现在，又有一对英国夫妇要求参观库木吐喇石窟，他也只好同意。李透代尔在游记中记录说："而我则胆敢在太岁头上动土，直接向那位直隶厅同知索要一名向导，直隶厅同知

也答应了我的要求。当外界传言我的要求得到同意的消息之后,半个城的人都抢着要去给我带路。"(插图51)

李透代尔夫妇到达库木吐喇石窟后,并没有找到出土"库车写本"的那座佛塔废墟,只是在石窟群中走马观花一番。李透代尔在其游记中感慨道:"我要是能有几天安静的时间,用镐锹挖掘一番就好了。显然,其他什么人也有过这种想法,因为几个石室的地面上,有被人打扰过的痕迹。"

李透代尔夫妇离开库车后,经库尔勒,于1893年5月28日到达罗布淖尔一带考察。他们在从罗布淖尔前往甘肃省敦煌县的途中,对沿途的汉代长城遗址进行了观察。关于敦煌以西的长城遗址,李透代尔在游记中记录说:"到达沙州(敦煌)的前一天(7月1日),我们走过的道路当中,有7—8英里的路程,是沿着一条堤埂行进的。这条堤埂高4—5英尺(1英尺约为30.48厘米),宽10码(1码约等于0.91米)左右。在我们分叉离去的地方,这条堤埂仍然向前延续,一眼望不到头。我从来没有听说过,中国的长城竟延伸到了沙州以外。但是,这条堤埂肯定与我们后来看到的长城部分极为相似。如果它不是长城的话,那我就一点也说不上它是起什么作用的啦。"可以说,李透代尔夫妇是近代最早确定敦煌以西存在有长城遗址的欧洲人。

1893年7月2日,李透代尔夫妇到达敦煌县城。李透代尔夫人肯定是近代第一个踏足敦煌的女"洋鬼子",因此

插图 51　1889—1893 年任库车直隶抚民厅同知的潘震

很快就引起民众的围观。李透代尔本人记录说："很快，我们的营帐四周就围上了一群中国人。他们最感兴趣的事情，是观看李透代尔夫人，他们对此感到很惊奇。"

1893年7月6日，李透代尔夫妇离开敦煌县城，前往参观莫高窟，成为近代到访莫高窟的第三批欧洲人、第一批英国人。关于莫高窟，李透代尔记录说："石窟分3—4层排列着，与明屋（库木吐喇石窟）极为相似。有两尊大佛像，值得注意。其中一尊佛像的脚部，如果不算脚指头的话，也有16英尺长。我用侧角倾斜仪测量了这两座佛像，结果显示它们至少高达80英尺。它们是从岩石上刻出来的，在有缺陷或裂损的地方用泥补上。"14年前曾给施切尼伯爵考察队和普尔热瓦尔斯基考察队留下深刻印象的"北大像"和"南大像"，此时依然让李透代尔夫妇瞠目结舌。

李透代尔夫妇离开莫高窟后，向南进入祁连山脉考察，再经青海湖、西宁，于1893年8月中旬到达兰州。从兰州开始，李透代尔夫妇乘羊皮筏子漂流黄河，于8月28日漂到宁夏府（今宁夏银川），于9月12日漂到内蒙古包头。从包头开始，李透代尔夫妇改乘马车，经归化城（今内蒙古呼和浩特），于9月27日到达北京，结束了第二次中亚考察。

李透代尔返回英国后，撰成游记《横穿中亚旅行记》，于1894年4月9日在伦敦皇家地理学会上宣读。1895—1896年，李透代尔夫妇又在中国西藏进行了第三次中亚考

插图52　老年李透代尔（上）和"李透代尔盘羊"（下）

察，在距离拉萨49英里处被强行驱逐出境，返回拉达克。1896年，伦敦皇家地理学会将该年度的金质"庇护者奖章"授予李透代尔，以表彰他进行的三次中亚考察。后来，英国自然史博物馆将李透代尔在中国新疆天山山脉中发现的一种盘羊命名为"李透代尔盘羊"（插图52）。

原载《团结报》2016年1月7日第8版。

二十三
英印政府下达的"中亚文物搜集令"

自1892年开始,由罗森、鄂登堡、彼德罗夫斯基构成的"铁三角",疯狂地为俄国国家学术机构搜集中国新疆文物。来自南疆各地的"喀什噶尔写本"等类文物,纷纷落入彼氏魔爪,又源源不断地被彼氏运往俄都圣彼得堡,供鄂登堡鉴定、研究。英属印度孟加拉亚细亚学会总干事霍恩勒看在眼里,急在心上。他深感英国在这方面已远远落后于老对手俄国,心急如焚。霍恩勒意识到,如果不争取英印政府提供官方支持的话,那么这种落后局面将永难扭转。

1893年6月1日,刚卸任学会总干事不久的霍恩勒,仍代表孟加拉亚细亚学会,给英印政府内务部部长查尔斯·李敖写了一封信,建议英印政府立即出手,采取必要的措施,来应对俄国人在南疆的文物搜集活动。李敖本人也是业余东方学家,长期担任孟加拉亚细亚学会常务理事,深知南疆考古资料对于印度学研究的重要性，因此大力支持霍恩勒的建议。何况，孟加拉亚细亚学会此时已决定推举李敖担任1894年度的学会会长，李敖对学会提出的建议，当然会积极考虑。

霍恩勒和李敖商妥的办法，包括以下内容：（1）由英印政府向英国派驻中亚各地的政治官员下达命令，让他们仿效彼氏的做法，以接受捐赠、收购等方式，尽力为英国搜集塔里木盆地出土文物；（2）收购文物所必要的花费，由英印政府税务与农业部从一笔财政专款中实报实销；（3）以这种方式获取的所有文物，构成归英国国家所有的一批特殊文物，拟定名为"中亚文物英国搜集品"；（4）属于"中亚文物英国搜集品"的所有文物，都必须集中到孟加拉亚细亚学会，由英印政府授权、资助霍恩勒在加尔各答进行初步的鉴定与整理，形成专门报告，上呈英印政府；（5）"中亚文物英国搜集品"的最终收藏地点，是伦敦的大英博物院。

经过李敖的协调与斡旋，自英印总督兼副王兰斯多涅侯爵以下，各有关部长对霍恩勒的建议一致表示赞同。因英国驻中亚各地政治官员多受英国克什米尔驻扎官节制，而克什米尔驻扎官又听命于英印政府外交部（全称"政治与外交部"），所以李敖于1893年6月14日向外交部部长莫提梅尔·杜兰德爵士发出一封半正式信函，要求由杜兰德爵士出面下达"中亚文物搜集令"（插图53）。

二十三　英印政府下达的"中亚文物搜集令" | 163

插图 53　下达"中亚文物搜集令"的莫提梅尔·杜兰德爵士

杜兰德爵士也是业余东方学家，自然愿意全力配合。1893年8月22日，杜兰德首先向代理克什米尔驻扎官巴尔中校正式下达了"中亚文物搜集令"。巴尔接到命令后，再向归他节制的4名政治官员转达了该命令，他们是英国驻吉尔吉特政治代表阿尔格农·杜兰德中校（杜兰德爵士的弟弟）、驻奇特拉尔政治代表荣赫鹏少校、驻喀什噶尔的"英国克什米尔驻扎官负责中国事务的特别助理"马继业和驻列城专员斯图亚特·格德福雷上尉（插图54）。此外，杜兰德爵士还直接向英国半殖民地波斯（伊朗）东北端呼罗珊省马什哈德的多名政治官员发出了类似的命令（插图55）。

"中亚文物搜集令"主要涉及中国新疆文物，关键执行者肯定是英国安插在新疆境内的唯一代表马继业。杜兰德爵士对马继业的执行力很有信心，他于1891年决定将马继业留在喀什噶尔时，就是相信了荣赫鹏对马继业"潜伏"能力的高度评价："当他（马继业）依靠自己的努力在那里（喀什噶尔）得到一些工作经验以后，我敢肯定，您会发现他在那里是一个有用的人。"不过，在1893年前后，马继业在喀什噶尔势单力薄，尚无力在搜集文物方面与彼氏一较高下。因此，英印政府在下达"中亚文物搜集令"时，也在新疆周围的交通要道上布好了局。

近代南亚和中国新疆之间的交通路线，一共有3条主干线：第一条是"列城道"，第二条是"吉尔吉特道"，第三条

二十三 英印政府下达的"中亚文物搜集令" | 165

插图54 英国驻吉尔吉特政治代表阿尔格农·杜兰德中校(上)
及其官邸(下)

插图 55　英国驻奇特拉尔政治代表处所在地

是"奇特拉尔道"。英印政府在这 3 条道路的交通枢纽布置了文物搜集力量，为的是防止新疆文物通过这些地方流往其他方向。马什哈德与中国新疆之间隔着俄属中亚和英控阿富汗，实在没有布局的必要。英国人之所以要在这里设点搜集新疆文物，主要是表示与俄国针锋相对的态度。

英印政府于 1893 年下达 "中亚文物搜集令" 后，受命的有关政治官员们起初不知所措。直到 1895 年 4 月，喀什噶尔的马继业才利用其 "近水楼台先得月" 的地利之便，为"中亚文物英国搜集品"奉献上第一批文物。1895 年 11 月，霍恩勒又收到格德福雷从列城寄来的第二批文物。到 1898 年底，"中亚文物英国搜集品" 一共收到 21 批文物，其中包括马继业上交的 10 批文物，格德福雷上交的 10 批文物，另有克什米尔驻扎官阿代尔伯特·塔尔伯特爵士捐赠的 1 批文物。

霍恩勒后来在总结报告中汇报："在以上提到的那些地点中，喀什噶尔和列城（尤其是喀什噶尔）的地理位置，对于搜集南疆出土文物这个目标来说，是最为理想的。正是从驻扎在这两个地方的官员那里，我们获得了现在构成搜集品的几乎所有文物。"而杜兰德中校、荣赫鹏等人，或因鞭长莫及，或因对此事不感兴趣，都没有上交任何文物。

从"中亚文物搜集令"到"中亚文物英国搜集品"，实现该项目的 3 位关键人物，即霍恩勒、李敖和杜兰德爵士，晚年都返回英国生活。他们去世前都是皇家亚细亚学会的领导人，霍、李二氏任副会长，杜氏任理事长。

原载《团结报》2016年1月14日第8版。

二十四 《点石斋画报》上的斯文·赫定

北欧瑞典人热爱航海，崇尚探险精神。斯文·赫定出生在这样一个国度，12 岁时便立志要当探险家。1885 年春，20 岁的斯文·赫定高中毕业时，校长把他推荐到里海边上的巴库（今阿塞拜疆首都），给瑞典诺贝尔兄弟石油公司的高等技师桑德林当家教。当年 9 月，斯文·赫定到达巴库，第一次踏上亚洲的土地。斯文·赫定在巴库打了 7 个月的工，也学会了鞑靼语和波斯语，还挣到一笔 300 卢布的薪水。1886 年 4—6 月，斯文·赫定拿着这笔钱，进行了他的第一次亚洲旅行，骑着马从北向南纵游了波斯（插图 56）。

斯文·赫定返回瑞典后，进入乌布萨拉大学攻读地质学。1888 年，斯文·赫定转入德国柏林大学留学，师从李希霍芬。彼时的李希霍芬，一心想培养一位中亚探险家，替自己去中国新疆、西藏考察，并与俄国人普尔热瓦尔斯基辩论

插图 56　近代"三大中亚探险家"之二——斯文·赫定

"罗布淖尔问题"，于是不断搬出自己的巨著《中国》来指引斯文·赫定。

1890年，瑞典国王奥斯卡二世拟派使臣出使波斯，但却找不到波斯语翻译。恰逢斯文·赫定回国度假，朝野尽知其精通波斯语，因而被任命为使团翻译官。使团于当年4—6月完成使命后，斯文·赫定留在德黑兰，没有回国。他在打电报征得瑞典国王同意后，按计划前赴中亚考察。9月9日，斯文·赫定从德黑兰出发，经马什哈德和俄属中亚，于12月14日到达中国新疆喀什噶尔。斯文·赫定在喀逗留了10天时间，由俄国总领事彼德罗夫斯基接待，但也拜访过刚到秦尼瓦克不久的荣赫鹏和马继业。随后，斯文·赫定取道俄属中亚，于1891年春返回瑞典。这是斯文·赫定的第一次中亚考察。

1892年，斯文·赫定重返柏林大学，在李希霍芬指导下获得哲学博士学位。随后，斯文·赫定返回瑞典，组织了他的第二次中亚考察队，目标是中国的新疆、西藏、蒙古等地。1893年10月16日，斯文·赫定离开斯德哥尔摩，沿途四处考察，迟至1894年5月1日才到达中国喀什噶尔，仍下榻于彼氏住所。6—10月，斯文·赫定在帕米尔高原一带考察，然后又回到喀什噶尔。斯文·赫定在喀休整期间，法国探险家杜特列·德·兰斯的哥萨克卫士拉祖莫夫于12月17日返喀什噶尔。于是斯文·赫定根据拉祖莫夫口述，调查了杜氏在通天河畔被杀的经过。其调查报告《斯文·赫定博士论杜特列·德·兰斯之死》，于12月下旬发表于俄国《突厥斯坦报》上。

1895年2月17日，斯文·赫定离开喀什噶尔，进入塔克拉玛干沙漠考察。考察队在4月10日至5月6日的一段沙漠旅行中，因为缺水，几近全军覆灭。只有斯文·赫定和两名考察队员死里逃生，走到和阗河边的"赫定水塘"。随后，斯文·赫定向北经阿克苏返回喀什噶尔，休整了数月时间。12月14日，斯文·赫定考察队再次离开喀什噶尔，于1896年1月5日首次踏上和阗地面。斯文·赫定在和阗逗留期间，从当地人手中购买到重要文物523种，还有许多古代钱币。1月24日，斯文·赫定找到了阿古柏入侵期间被觅宝人发现的"塔克拉玛干古城"（丹丹威里克遗址），成为第一个探访该遗址的欧洲人。斯文·赫定在遗址中发现了许多房屋废墟和壁画，挖掘并带走了大量文物。

离开"塔克拉玛干古城"后，斯文·赫定继续东进，沿克里雅河岸北上，于1896年2月20日走到塔里木河畔。随后，斯文·赫定沿塔里木河走到罗布淖尔，再经沙漠南道，于5月27日返回和阗。6月底，斯文·赫定离开和阗南下，经西藏北部、青海东部、河西走廊、内蒙古，于1897年3月2日到达北京，结束了他的第二次中亚考察。

斯文·赫定到达北京后，将他发现"塔克拉玛干古城"的消息透露给了一些报馆的记者。随后，上海《点石斋画报》上发表了著名画家金蟾香绘制的《沙漠古迹》，报道斯文·赫定的考古故事。该画图文并茂，附文为："瑞典有寻古探奇之士，名歇迭影（赫定）者。尝讨古迹于戈壁沙漠中，见木植露出地面，约有三、四里之广，不知何故。但见黄沙渺渺，根究无从，于是以锸从事。未几，忽睹墙壁，始悉沙中埋没人家屋宇。掘愈深，而形迹愈显。墙系灯芯草杂泥草筑成，内外皆白垩，五色彩画，极其精妙。中画一妇人，跪而合掌；其他人物、犬马、车辆、花草等。又一墙，画佛陀坐象（像）。旁立一天女，伸其右手指诸天，左手抚胸，若祈祷状，后面放大光明。意致庄严，想亦当时名笔也。还见树株，若白杨者，若梅及杏者。却不知是何年代陆沉于沙漠之中，归而按诸历史。据史载，怯里社大里社（克里雅河）河边，于一千年前，此处向有都邑，沟渠甚多，人家用水极便。未几，一变炎荒之境，复不见人。古谓'东海扬尘'，岂虚语哉！"近代中国新闻史上，这是第一次有关西方探险家在新疆考古的报道（插图57）。

斯文·赫定逗留北京期间，俄国驻华代办巴府罗富将他引荐给了74岁的清朝重臣李鸿章。李鸿章刚于1896年4—10月进行了一次环球旅行，先后走访俄国、德国、荷兰、比利时、法国、英国、美国、加拿大、日本等国，但没有去瑞典。于是，李鸿章对这位声名鹊起的瑞典青年探险家颇感

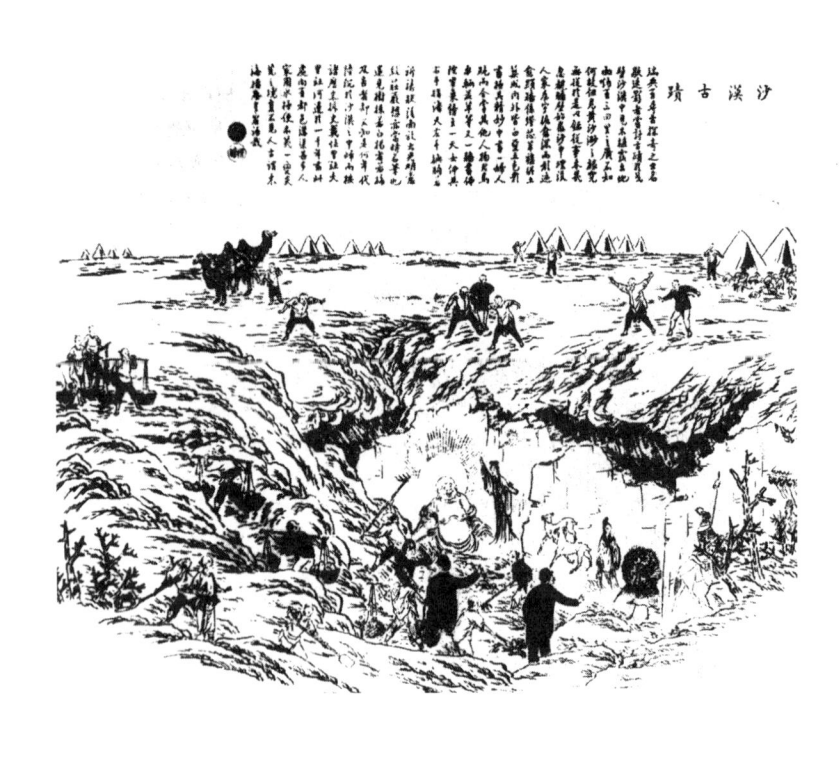

插图 57 《点石斋画报》上关于斯文·赫定的报道《沙漠古迹》（金蟾香绘图）

二十四　《点石斋画报》上的斯文·赫定 | 175

插图 58　1897 年 3 月接见斯文·赫定时的李鸿章

兴趣，在家中接见并宴请了他。席间，李鸿章问："你既研究地质学，当你远远看见一座山时，能否说出山中有没有金矿？"斯文·赫定答："绝不能。"李鸿章欣慰地说："非常感谢！那不算有本领，我也会做。"斯文·赫定悻悻然，只在北京住了12天，便取道蒙古，经俄国，于1897年5月返回瑞典（插图58）。

原载《团结报》2016年1月21日第8版。

二十五 清朝官员为"英国搜集品"奠基

1879年1月,近代中国外交家曾纪泽来到伦敦,出任清朝驻英、法使臣。实际主持清驻英公使馆务的马格里,是其左膀右臂(插图59)。曾、马两人几乎形影不离,两家也结下深厚友谊。1877年从南京移居伦敦的马格里之子马继业等,常随父亲到公使馆里玩耍。曾纪泽对马家子女关爱有加,犹如"教父"。曾纪泽1879年8月4日日记中记录说:"体中不适,小睡极久。饭后,清臣(马格里)来,谈极久。清臣之儿女(包括马继业)来室一座,求听中国音乐,为吹箫、摘阮良久。头晕,偃卧成寐。"卧病中的曾纪泽,仍心甘情愿地为马家子女长时间演奏中国乐器,其感情之深,可见一斑(插图60)。

马继业1886年大学毕业前后,曾纪泽建议他进入英国驻华领事机构工作。曾纪泽于1886年12月返回北京后,仍

插图 59　马继业的父亲马格里爵士

二十四 《点石斋画报》上的斯文·赫定

插图 60 马继业的"教父"曾纪泽侯爵

关心着马继业的前途。马继业在英属印度"缅甸事务委员会"谋得差事后，曾纪泽很高兴。他于1889年3月20日从北京给马格里写信时说："我非常高兴地听说，您的儿子乔治（马继业）已在缅甸找到了工作。虽然他还没能获得在中国供职的任命，但我非常高兴地注意到，他一直在锡金工作，担任我们的藏族居民与印度当局之间的翻译。就此而论，我对他年纪轻轻就能施展才能这一点，感到很高兴。毫无疑问，印度政府将会发现，在云南边境地区与我国云南省当局的任何谈判中，他的工作都同样具有价值。……当您给乔治写信时，请代我向他问好。"曾纪泽对马继业的厚望，鼓励着马继业于1890年来到中国新疆喀什噶尔，此后在这里行使了28年的领事职责（插图61）。

英属印度政府外交部于1893年8月下达"中亚文物搜集令"后，马继业首先利用南疆英侨情报网络，找到叶尔羌的阿富汗商人迪尔达尔·汗，向他打听"库车文书"的情况。迪尔达尔手头原有几件"库车文书"写本，除一件变身为"韦伯写本"外，其余者都被他带往印度阿利加尔，存放于朋友家中。现在，英侨"保护伞"马继业对"库车文书"感兴趣，迪尔达尔虽有奉献之心，但苦于一时无法取回。于是，迪尔达尔只好转向库车，求助于他哥哥古拉姆·喀迪尔·汗。古拉姆手头已无写本，但打听到库车人玉素甫·伯克仍藏有10件"库车文书"写本。迪尔达尔获得这条情报后，迅速转

插图 61　马继业夫妇和他们的子女

报给了马继业。

马继业闻讯大喜，决定出手争夺这批写本。但在俄侨势力占优势的库车，单靠英侨系统，想从彼德罗夫斯基布下的文物搜集网络中夺取"库车文书"，绝非易事。正在马继业感到一筹莫展时，曾纪泽族侄曾广均于1894年初来到喀什噶尔，担任中俄通商局总办。曾、马两家早有交情，使马继业很快就与曾广均建立起了特殊的关系，也使他产生了要利用这层人情关系来执行"中亚文物搜集令"的想法。1894年春，马继业给曾广均写信，请其设法在库车为英国获取玉素甫手中的10件写本。曾广均接受委托后，立即给库车直隶抚民厅同知刘人俸写信，请刘务必办理此事。

刘人俸接曾广均信后，立即派衙役去捉拿玉素甫。但衙役没有找到玉素甫，却胡乱抓来了一位名叫铁木儿·伯克的人，而铁木儿矢口否认拥有这些写本。刘人俸为了给曾广均提供写本，公然冒犯王法，亲自披挂上阵，于1894年9月组织了一次挖掘活动。他雇了25名民工，来到出土"库车文书"的库木吐喇佛塔废墟，持续挖掘了两个月的时间。直到佛塔废墟土岗子被夷为平地，众人也没能找到完整的写本，只筛选出一小包写本残片。

1894年12月7日，刘人俸将这包写本残片寄给了曾广均。他在附信中解释说："我本人还亲自去查看了这座土岗，它的高度大约是10丈（将近100英尺），边围也有10丈左右。由于人们一直在那里挖掘,现在留下了一个洞,而这洞又坍塌过。我雇了25个人,在专人的监督下做了些发掘。经过两个月的工作,他们只挖出了一小包碎纸和残页子,上面写着文字。我现在将这包东西转给您。如果今后我发现任何人拥有这类文书,我还会给您打招呼的。"

曾广均接到刘人伫寄来的写本残片和说明信后,立即将它们转赠给了马继业。马继业随后又将它们寄给顶头上司、克什米尔驻扎官阿代尔伯特·塔尔伯特中校,塔尔伯特再将它们转交给在西姆拉的英印政府外交部。1895年3月28日,英印政府外交部将这批写本残片寄给了在加尔各答的霍恩勒,但附信中只说这批残片出自库车,而未提供其他细节。霍恩勒于4月份收到写本残片后,又直接给马继业写了一封信,询问残片来源。马继业于11月份给霍恩勒回信,将刘人伫于1894年12月7日写给曾广均的信翻译成英文,附寄给了霍恩勒。

霍恩勒收到这数百块"库车文书"写本残片后,从中整理出145块稍具有文献学价值的较大残片来,包括9块棕榈叶残片、13块桦皮残片和123块纸残片。霍恩勒认为,它们均系梵语、婆罗谜文写本残片,字体与"鲍威尔写本"和"韦伯写本"同类,可断代为4世纪中叶至5世纪中叶。1895年5月1日晚,霍恩勒在孟加拉亚细亚学会发表演讲,介绍了这批写本残片的奇特来源,并展示了残片的原件。

因曾广均的介入，由清朝正五品官员刘人侁组织人马挖出的最后一批"库车文书"写本残片，是马继业为英印政府献上的第一批搜集品，也是霍恩勒在"中亚文物英国搜集品"项目立项后收到的第一批搜集品。清朝官员亲自为外国人挖掘文物，实属罕见。而导致这一行为的主因，应归于曾、马关系之特殊，曾、刘关系之密切。

原载《团结报》2016年1月28日第8版。

二十六
"格德福雷写本"来源之谜

马继业为"中亚文物英国搜集品"贡献了第一批塔里木盆地出土文物后，在列城的英国驻拉达克专员斯图亚特·格德福雷上尉也不甘落后。格德福雷曾于1893年5—6月代理英属海湾（波斯湾）驻扎官，随后调往英属印度，转任英国驻拉达克专员。当他于1893年8月收到英印政府的"中亚文物搜集令"后，将搜寻塔里木盆地文物看作自己的本职工作之一，逢人求助，处处留意。

1895年初夏，在拉达克境内的卡吉尔附近，印度河支流苏鲁河发生特大洪水，冲溃了"列城道"的一段道路。当时有数批英属印度商队，正驮着印度商品，要经过这里前往中国塔里木盆地做生意。因洪水的阻隔，这些商队在卡吉尔进退维谷，价值数十万卢比的货物滞留不前。格德福雷接到求救电报后，从列城向西北方急行军234公里，于7月份赶到卡吉尔。他组织当地官员，在苏鲁河畔驻扎了一个月，架起一座悬臂桥，让商队跨过洪水河床，通过了灾区（插图62）。

受阻商队中，有一群要去新疆叶尔羌贩卖珊瑚的帕坦（普什图）商人。他们对格德福雷现场指挥架桥的工作深表感谢，在离开灾区时主动提出，愿以某种方式报恩。格德福雷遂请他们在到达叶尔羌后，设法为自己搜寻一些古代文书。帕坦商人们倒是知恩图报，在塔里木盆地短暂逗留期间，为格德福雷搞到了一批古代写本的残片。1895年9月前后，帕坦商人们返回印度后，将这批写本残片打成一个包裹，寄给正在锡亚尔科特出差的格德福雷（插图63）。

格德福雷收到这批写本残片后，立即转交给了克什米尔驻扎官阿代尔伯特·塔尔伯特，并附了一封简单的说明书。1895年11月底，塔尔伯特将这批写本残片和格德福雷的说明书放在一起，寄给了在加尔各答的霍恩勒。霍恩勒打开包裹后，首先让他老婆对残片进行了修复，整理出71块纸质写本残片。霍恩勒后来回忆包裹初开时的情景："当它们被转到我手中时，已成了一堆薄脆、明显腐朽的纸片，被揉成一些形状不规则的纸团。要做的第一件事情是，打开这些纸团，将它们展平，并将它们固定在玻璃镜框之间。这项工作必须干得非常仔细，因而非常乏味，又很费劲，耗去不少时间。不过，工作最后完成得很圆满，实际上都是我老婆那灵

插图62 卡吉尔附近的苏鲁河谷

插图 63　中亚商道上的帕坦商人

巧的指头干的。现在看来，共有71块写本残片。"

霍恩勒立即将这批写本残片定名为"格德福雷写本"，并在"中亚文物英国搜集品"系列中为它们首先编了一个号，称为"格氏第1批文物"。这是构成"英国搜集品"的第2批文物，也是格德福雷提供的首批文物。霍恩勒根据写本尺寸、形状、语言、文字等方面的差异，将格氏第1批文物分为8个部分。其中大部分是婆罗谜文写本残片，第8部分是两块唐代汉文写本残片。汉文纸质写本的出现，这在新疆考古史上尚属首次，具有非常重要的意义。

格德福雷于1897年初转任英国驻吉尔吉特政治代表，此后更加卖力地为"英国搜集品"搜集文物。霍恩勒在整理"格德福雷写本"的过程中，深感其来源不明，不利于研究，于是在1897年6月给格德福雷写信，想得到更多的信息。格德福雷于1897年6月27日给霍恩勒回信，介绍了这批写本的来源："有一群带着贵重珊瑚货物准备去叶尔羌的帕坦商人，他们对我说，由于我们及时采取了措施，才使得他们的商队免遭惨重损失（如果不是破产的话），他们不知道怎样才能表达感激之情。我说，如果他们能够设法给我搞到一些从西藏或中亚的沙埋废城中发现的古文书，那么我将认为欠情的是我。秋天，当我返回拉达克时，我早把这件事忘在了脑后。可是，后来在锡亚尔科特，我收到这群商人送来的一个包裹，里面装的便是现在给您的这些写本。"

格德福雷在回信中并没有说清楚"格德福雷写本"的获取地点或出土地点，于是霍恩勒于1897年7月再次给格德福雷写信追问。格德福雷于1897年7月18日给霍恩勒回信，又补充说："我本人对于西藏语言一无所知，但经常听说，在中亚的沙漠中挖掘时，可以偶然发现源自西藏的古写本。我曾经要求一些与位于列城以北或东北的国家做生意的商人，让他们设法为我搞到一些他们所知的写本。这些商人曾经受过我的恩惠，他们答应尽力而为。结果，在他们返回的时候，给我带来了这些古纸片，现在就在您的手中。您大概知道，新疆的中国官府是不允许发掘废墟的。据说，他们认为考古只不过是掘宝的托词。不管情况怎样，上面提到的商人都恳切地希望，不要透露他们的姓名。他们除了告诉我这些写本很古、来源于西藏、出土于库车附近某古城废址外，再未向我提供其他任何信息。这些在中国领土上做生意的商人，显然不愿意惹中国官府生气。"

格德福雷在这封信中提供的信息，显然是在转述匿名帕坦商人的原话。因为藏文字母与婆罗谜文字母相近，导致商人们误以为他们获得的写本"来源于西藏"。因为"库车文书"早已闻名遐迩，可能导致商人们编造出写本"出土于库车附近某古城废址"的说法。但根据各种情况判断，商人们的上述说法并不可靠。因此霍恩勒最后推论，"格德福雷写本"可能来源于和阗一带。由于格德福雷与帕坦商人们早已失联，再也无法获取更可靠的信息，有关"格德福雷写本"的具体获取地点和出土地点，从一开始就成了不解之谜。

原载《团结报》2016 年 2 月 4 日第 8 版。

二十七
伴随"马继业写本"而来的"未知文字"

马继业于1895年春第一次向"中亚文物英国搜集品"献上"库车文书"写本残片后，心里还一直惦念着驻叶尔羌阿富汗商人迪尔达尔·汗存放在英属印度阿利加尔的那几件"库车文书"写本。在马继业怂恿下，迪尔达尔于1895年专程前往阿利加尔，从他朋友法伊兹·穆哈默德·汗手中要回其中一件写本，带回新疆后，献给了马继业。

关于这件写本的转手经过，马继业记录如下："这是一件写本，是叶尔羌的一位阿富汗商人迪尔达尔·汗赠送的。情况好像是这样的，当'鲍威尔写本'在库车被发现的时候，另有两件写本也在同一时间、同一环境下被发现。迪尔达尔·汗获得并拥有了这两件写本，并于1892年把它们带到了列城。他把其中的一件送给了秘书阿赫马德·丁，阿赫马德转过身来，又将那件写本赠送给了摩拉维亚教会传教士韦伯先生，这便是'韦伯写本'的来源。至于迪尔达尔拥有的另一件写本，被他带到了印度，留在阿利加尔的一位朋友处，这人名叫什么法伊兹·穆哈默德·汗。去年（1895年），迪尔达尔又把这件写本带到南疆来，并将它送给了我。"这最后一件"库车文书"写本落入马继业之手，标志着1889年从库木吐喇佛塔中出土的大批写本，在经过英、俄两国多年哄抢之后，最终外流殆尽。

此后，南疆觅宝业的起源地和阗，再次变成西方考古学家们关注的焦点所在。早在1894年，马继业委任常驻和阗的阿富汗商人巴德鲁丁·汗为英商阿克萨卡尔（商约）时，就要求他在和阗为"英国搜集品"收购以古书为主的文物（插图64）。巴德鲁丁受命后，联络到和阗的各路觅宝人，以"来自印度的先生大人们"愿出高价收购古书为诱饵，劝他们进入塔克拉玛干沙漠寻觅古城遗址。巴德鲁丁最倚重的两名和阗觅宝人，是伊斯拉姆·阿洪（插图65）和吐尔迪·和卓（插图66）。但古书毕竟难求，再加上俄国总领事彼德罗夫斯基的竞争，觅宝人们一直没能给马继业"供货"。

1895年7月16日，马继业离开喀什噶尔，要辗转返回英国度长假。因为他回国前还必须参加英国边界委员会在帕米尔高原上的勘界活动，感到时间仓促，行前甚至没有来得及将迪尔达尔赠送给他的写本寄回印度。马继业走后，英国驻喀什噶尔政治代表处由其秘书阿赫玛德·丁代管。马继业

插图 64　驻和阗的阿富汗商人巴德鲁丁·汗

二十七　伴随"马继业写本"而来的"未知文字"　| 195

插图 65　和阗觅宝人伊斯拉姆·阿洪

插图66　和阗觅宝人吐尔迪·和卓

前脚刚走，伊斯拉姆便于 1895 年 7 月给巴德鲁丁提供了第一批写本，巴德鲁丁随即派伊斯拉姆带着这批写本去喀什噶尔交差。阿赫玛德显得很慷慨，为这批写本支付了 10 两银子的价款。伊斯拉姆尝到甜头后，于当年 8—10 月间又向阿赫玛德出售了 4 批写本。

马继业返回英国后，忙着与马格里好友之女凯瑟琳·波尔兰谈恋爱、订婚，直到 1896 年 9 月底才重返喀什噶尔。1896 年 10 月 12 日，马继业将此前积压在官邸里的 6 批文物加以整理，包括迪尔达尔送给他的"库车文书"写本和伊斯拉姆卖给阿赫玛德的 5 批写本，然后寄给其顶头上司、克什米尔驻扎官塔尔伯特中校。塔尔伯特收到写本后，又将它们转交给了在西姆拉的英属印度政府外交部。1896 年 12 月 14 日，外交部将这 6 批写本寄给在加尔各答的霍恩勒。它们共同构成了"英国搜集品"中的第 3 批搜集品，被霍恩勒编为"马氏第 1 批文物"。"马氏第 1 批文物"中的第 1 组，即迪尔达尔捐赠的"库车文书"写本，被霍恩勒命名为"马继业写本"。"马继业写本"也是婆罗谜文写本，与"鲍威尔写本"、"韦伯写本"等同类、同年代。至于"马氏第 1 批文物"中的第 2—6 组，即伊斯拉姆提供的 5 批写本，使用了一种奇特的文字，甚至连见多识广的国际语言文字学权威霍恩勒也都不曾见过，只好被他命名为"未知文字"。

霍恩勒收到"英国搜集品"的第 3 批搜集品后，又通过英印政府税务与农业部的中转，于1897年8月至1898年11月间，源源不断地接受了后续的第4—21批搜集品。这18批搜集品，绝大部分来自马继业和格德福雷，主要购自巴德鲁丁、伊斯拉姆、吐尔迪等人。在这些搜集品中，大多数包含有用"未知文字"写成或印成的写本或印本，既有散页，也有装订成册的书籍。1899年4月，霍恩勒从印度退休，带着"英国搜集品"返回英国，将它们存入大英博物院。1899年11月，已在牛津定居的霍恩勒，又收到了由马继业获得、由英印政府转寄的最后一批文物。霍恩勒将这批文物编为第22批搜集品，其中包括马继业购自伊斯拉姆的4本"未知文字"雕版印本书。

1895—1898年出现的大批"未知文字"写本或印本，除进入"英国搜集品"之外，还通过彼德罗夫斯基之手，通过许多欧洲旅行者的购买活动，流入圣彼得堡、巴黎、斯德哥尔摩等国际大都市。直到1901年，英国考古学家斯坦因经过实地调查后，才向全世界宣布，所有"未知文字"写本或印本，都是伊斯拉姆等人伪造的赝品。

"英国搜集品"中虽掺入大量赝品，但大部分还是真品，有些文物甚至具有极高的历史价值。以第20批搜集品（马氏第9批文物）为例，虽然第1组是伊斯拉姆等人伪造的2本"未知文字"书籍，但第3组便是后来举世闻名的3件汉文文书，即《唐大历三年三月二十三日典成铣牒》《唐某年十二月二十三日傑谢镇知镇官将军杨晋卿帖》和《唐建中七年七月苏门悌举钱契》，均系吐尔迪团伙于1895—1898年间在丹丹威里克遗址发现的真文物。

原载《团结报》2016年2月18日第8版。

二十八
闯入欧洲博物馆的和阗文物赝品

文物收藏界尽人皆知,哪里有文物交易,哪里就有文物赝品。古今中外,概莫能外。英属印度政府于1893年下达的"中亚文物搜集令",主要以政府出资的形式,收购中国新疆塔里木盆地文物。这一行为的本意,是在花钱买文物方面与俄国人竞争,取得了显著的效果。俄国驻喀什噶尔总领事彼德罗夫斯基苦于经费紧张,逐渐在文物竞买过程中处于劣势。彼氏于1896年给鄂登堡写信时曾抱怨说:"购买这些文物,对我来说相当昂贵,不论是真是假。"但英国人的豪买,也带来了副作用。文物与金钱挂钩的必然结果,就是赝品的出现。中国近代史上规模最大、影响最深远的一个文物赝品案,于1895—1898年间发生在新疆和阗。

1894年,英国驻喀什噶尔政治代表马继业通过驻和阗英商首领巴德鲁丁·汗,宣布以重金收购古文书,和阗各路觅宝人在金钱的诱惑下跃跃欲试。但要获得真正的古文书，唯一可行的路径，就是挺进塔克拉玛干沙漠深处，在丹丹威里克等沙埋遗址中奋力刨挖。以吐尔迪·和卓为代表的一批老觅宝人，尚能恪守"职业道德"，老老实实进沙漠，兢兢业业挖遗址。但往返一趟沙漠遗址，至少需要 20 天时间，不仅路途遥远，而且收获古文书的可能性也不是很大。而以伊斯拉姆·阿洪为代表的一批新生代觅宝人，既不愿意冒险进沙漠，又不愿意放弃赚钱的机会，于是想出了伪造古文书的点子。1895 年，伊斯拉姆伙同伊不拉欣·毛拉等 4 人，组成了一个专门伪造古文书的团伙。他们在和阗州城以东山普鲁乡附近找到一座废麻札（圣墓），建起一个赝品古文书作坊。

赝品作坊里的第一道工序，是处理纸张。和阗自古以来就是塔里木盆地的造纸业中心，盛产桑皮纸。为了让这种纸呈现出古色古香的模样，造假团伙用取自胡杨树上的一种树脂颜料制成染色剂，通过浸泡方式将纸张染成黄色或淡褐色。赝品作坊里的第二道工序，是将文字写在"古纸"上。起初，造假团伙小心翼翼，模仿伊不拉欣从丹丹威里克遗址带回的真写本上的草体婆罗谜文字，手工抄写在"古纸"上，力求形似。多才多艺的伊斯拉姆，偶尔还会在假写本上绘制人像，颇具童趣（插图 67）。后来，伊斯拉姆认为，模仿真文字费时又费力，不如自己"创造"文字为快。于是，造

插图 67　伊斯拉姆伪造的"未知文字"写本，附有他的素描作品

假团伙成员们纷纷发挥创造力，至少造出 12 种"未知文字"来。伊不拉欣略通俄文，由他胡乱写出的"未知文字"颇似俄文字母，成为赝品上经常使用的文字（插图 68）。

在"古纸"上写出"未知文字"后，便可进入必要的做旧程序。造假者们用刚吃过手抓饭的脏手，将假文书页子揉搓一番，使其沾满油渍污迹，便可呈现出三分"古相"。随后，他们还要将纸页挂在烟火上熏烤，使其变成深褐色，再增添三分"古相"。熏烤后的纸页，不加装订的是赝品写本散页，被装订成册的便成为赝品写本书。装订写本书时，一般用铜钉固定住书页的一侧，再用酸性物质处理铜钉的暴露部分，使之产生一层绿色铜锈。如此这般，已有六分"古相"的假写本散页或写本书，最后被埋入沙漠边缘的树下沙中，使其沾满沙土。每当有市场需要时，伊斯拉姆等人便将"古相"已是八九不离十的假写本"发掘"出来，卖给需要者。

赝品的销售也有分工。伊斯拉姆与英商首领巴德鲁丁关系密切，主要负责向英国人推销赝品。略通俄语的伊不拉欣，主要负责向俄国人推销赝品。他们在兜售赝品时，往往编造一些虚假的出土地点，或神奇的出土过程，供买主记录在案。1895—1896 年间，赝品作坊只出产写本。后来，由于各路欧洲人竞相购买，使产品供不应求，于是伊斯拉姆造假团伙逐步放弃手工书写，改用雕版印刷方式，在"古纸"上印制"雕版印本书"（插图 69）。1896—1898 年，和阗赝

插图 68　伊斯拉姆赝品作坊出产的"未知文字"写本散页

二十八　闯入欧洲博物馆的和阗文物赝品 | 205

插图 69　伊斯拉姆赝品作坊出产的"未知文字"雕版印本书

品作坊的造假活动已初步实现产业化、规模化。

从和阗文物赝品作坊中出产的假文书，大量流入英、俄、法、瑞典等国的博物馆。其中，"中亚文物英国搜集品"中的"未知文字"赝品，一直由霍恩勒进行解读。他甚至还发表了一系列"成果"，耗去他大量的精力和时间。1899年，霍恩勒将它们带入大英博物院，用摩洛哥牛皮包裹成豪华装订本，摆放在东方印本与写本部的书架上。当所有"未知文字"文书均被证明为赝品后，欧洲各国的博物馆从1902年开始，纷纷将赝品文书当作垃圾销毁。唯独大英博物院"深谋远虑"，将馆藏90部"雕版印本书"撤下书架后，竟未丢弃，而是塞入两只木箱中，贴上写有"中亚赝品"的封条，扔到博物院地下室最底层的一个角落里。此后，经过两次世界大战的折腾，和阗赝品问题逐渐被人淡忘。

1973年，英国议会通过《英国国家图书馆法案》，将原大英博物院的东、西方印本与写本部独立出来，组建新的英国国家图书馆。博物院、图书馆在分家的最后阶段，工作人员于1979年在博物院地下室里重新发现装有"中亚赝品"的两只箱子。图书馆查明其来历后，决定接受这批近代赝品，给予真文物待遇。时至今日，英国国家图书馆一直将这批赝品摆放在英藏敦煌文献书柜的旁边。据说，他们这样做的目的，是想给自己那张"文物掠夺者"的丑脸上，多少添加一层"受害者"的粉底：英国人在大规模攫取新疆、敦煌文物的过程中,也曾被半文盲的伊斯拉姆等人玩弄于股掌之间;伊斯拉姆不仅让英国人破财费力,还让霍恩勒等学者名誉扫地。

原载《团结报》2016年2月25日第8版。

二十九
国际东方学家代表大会上的中国文物

到 19 世纪中叶，欧、美各国相继成立了东方学会。随着东方学研究的日益国际化，各国东方学家意识到，需要再创建一个国际性的东方学组织，定期举办国际会议，协调各国的东方学研究。时任英国皇家亚细亚学会会长的托马斯·爱德华·考尔布鲁克曾表态说："世界不同地区的东方学家们想要汇聚一堂，交流思想。当今的时代，是一个联盟和代表大会的时代，不论国内、国际，均是如此。有人试图将东方学家们聚集在一起，这是非常令人满意的。"于是，一个号称"国际东方学家代表大会"的国际组织应运而生。

1873 年 9 月，第 1 届国际东方学家代表大会在法国巴黎召开。此后，欧洲各大都市轮流坐庄，争相举办国际东方学家代表大会。第 2 届国际东方学家代表大会于 1874 年在英国伦敦召开，第 3 届于 1876 年在俄国圣彼得堡召开，第

4届于1878年在意大利佛罗伦萨召开，第5届于1881年在德国柏林召开，第6届于1883年在荷兰莱顿召开，第7届于1886年在奥地利维也纳召开，第8届于1889年在瑞典斯德哥尔摩召开，第9届于1892年在英国伦敦召开，第10届于1894年在瑞士日内瓦召开。遗憾的是，在第1—10届大会上，没有讨论过中国文物。

1897年9月6—12日，第11届国际东方学家代表大会又重返其起源地巴黎举行。本届大会规模空前，出席会议的各国代表和当地听众多达800人左右，其中近百人为女性。法国主办方设了7个分会场，邀请世界各国顶尖级的相关学者或各界名人担任分会会长和分组组长。如"远东的语言与考古"分会的"中国与日本"分组，特邀清朝驻法国公使庆常担任组长，日本法学家富井政章任副组长。奇怪的是，中国文物第一次登上国际东方学家代表大会的"大雅之堂"，并不是在"远东"分会上，而是在"雅利安"分会上。

1897年9月9日上午，由法兰西研究院碑铭学与美文学科学院院士、法国亚洲学会副会长、印度学家艾米尔·塞纳主持"雅利安国家的语言与考古"分会的"印度"分组讨论。塞纳宣布开会后，首先宣读了自己的论文《佉卢文写本〈法句经〉：杜特列·德·兰斯写本残片》（插图70）。塞纳长期研究法国杜特列·德·兰斯考察团于1892年在中国新疆和阗阔玛日石窟获得的佉卢文桦皮写本残片，在论文中认定

插图 70　法藏佉卢文桦皮写本《法句经》残片之解读者塞纳

法藏"杜特列·德·兰斯写本"为公元 3 世纪前后从克什米尔传入中国的写本，内容是 1 世纪北印度佛僧法救尊者编纂的《法句经》（插图 71）。

塞纳宣读论文毕，刚一落座，俄国印度学家鄂登堡便站立起来，宣读自己的论文《关于一件佉卢文佛教写本的初步笔记》。鄂登堡长期研究俄国驻喀什噶尔总领事彼德罗夫斯基于 1892 年获得的和阗出土佉卢文桦皮写本残片，在论文中认定俄藏"彼德罗夫斯基写本"也是《法句经》残卷，从材料、语言、文字、内容等方面判断，与法藏"杜特列·德·兰斯写本"原属同一件写本（插图 72）。

塞纳、鄂登堡二人先后宣读的论文，在巴黎大会上引起轰动。英属印度参会代表、印度语言调查局局长乔治·亚伯拉罕·格列尔森记录说："塞纳先生宣布会议开始。然后他宣读了一篇重要的论文，公布了用佉卢文写成的《法句经》片段的古桦皮写本。这件写本是由杜特列·德·兰斯在中亚发现的，他已经献身于科学事业了。所以塞纳先生建议，应该以那位勇敢的探险家的名字为这件写本命名。……紧接着塞纳先生之后，谢·冯·鄂登堡教授讲述了同时到达圣彼得堡的同一件写本的另一些残片。无疑，巴黎残片和圣彼得堡残片都属于同一件写本，它们的文字和语言都相同，二者都是《法句经》的残片。参会的学者们对于这一主题显示出最大的兴趣。在会议上，还展出并散发了这件写本的照片册子，这件

插图 71 "杜特烈·德·兰斯写本"之一页

二十九 国际东方学家代表大会上的中国文物 | 213

插图 72 俄藏佉卢文桦皮写本《法句经》残片之解读者鄂登堡

写本是已知现存最古老的印度系写本。"

霍恩勒没有参加第 11 届国际东方学家代表大会，但他向大会提交了一篇论文，题为《又三批中亚出土古写本》。该文介绍了"中亚文物英国搜集品"的最初三批梵语、婆罗谜文写本，即霍恩勒于 1895 年 4 月收到的马继业所获"库车文书"残片、于 1895 年 11 月收到的"格德福雷写本"（属"格氏第 1 批文物"）、于 1896 年 12 月收到的"马继业写本"（属"马氏第 1 批文物"）。1897 年 9 月 11 日上午，塞纳代表霍恩勒宣读了论文。

自塞纳和鄂登堡于 1897 年在巴黎"你方唱罢我登场"，同台共说《法句经》后，两人都想将法藏、俄藏《法句经》残卷合校出版。但塞纳于 1928 年 2 月 21 日去世前，一直没有机会看到俄藏部分的原件。而鄂登堡晚年身处逆境时，反而实现了这个愿望。鄂登堡早年在圣彼得堡大学读书时，与无产阶级革命家列宁之兄乌里扬诺夫是同窗好友，因而与列宁相识。尽管鄂登堡在帝俄时代长期担任俄罗斯科学院终身干事（院长），又在资产阶级临时政府中兼任过国民教育部部长，1917 年俄国十月革命后，列宁还是邀请这位老友继续主管俄罗斯科学院。列宁于 1924 年 1 月 21 日去世后，鄂登堡的处境日益艰难。苏联于 1928 年发起文化界运动，鄂登堡只好于 1929 年 5—8 月赴法国巴黎躲避运动。在这段日子里，他每天从早到晚坐在法国国家图书馆阅览室里，认真校对法藏《法句经》残卷，终于完成了自己的生平夙愿。鄂登堡回国后，于 1929 年 10 月 30 日被迫辞去俄罗斯科学院终身干事职务，于 1934 年 2 月 28 日郁郁而终。

原载《团结报》2016 年 3 月 3 日第 8 版。

三十
瑞典传教士在南疆的文物搜集活动

近代最早在中国新疆南疆传播基督宗教的欧洲传教士，当属荷兰人亨德里克斯。亨氏是罗马天主教传教士，1877年来华传教。后因触犯教规，被教廷开除，于是自费云游华北、蒙古等地。1887年，亨氏在喀什噶尔定居下来，投靠俄国总领事彼德罗夫斯基。1890年，彼氏因讨厌亨氏，将其赶走。1891年，刚到喀什噶尔不久的英国政治代表马继业看到亨氏无依无靠，遂邀其做伴。从此，两人关系日益密切，亨氏实际上变成了为马继业搜集当地情报的线人（插图73）。

1891年12月，瑞典宣教契约教会传教士尼尔斯·弗里德里克·豪伊杰尔从俄属第比利斯（今格鲁吉亚首都）驻地来到喀什噶尔，调查在南疆传教的可能性。在豪伊杰尔的建议下，瑞典宣教契约教会于1893年在斯德哥尔摩召开大会，

插图73　亨德里克斯神父（左二）与马继业（左三）在叶尔羌

决定在喀什噶尔建立传教站。1894年2月，该会传教士拉尔斯·艾瑞克·霍克伯格关闭了原设在波斯（伊朗）的传教站，率众传教士东移，于5月3日抵达喀什噶尔。1896年，该会又在莎车直隶州州城叶尔羌建立了第一个分站（插图74）。

欧洲传教士到来后，在发展教徒方面难有起色，于是便将大量时间用在研究当地语言、文字等学问方面，也开始搜集南疆文物。1897年夏，霍克伯格以200卢比的价格，将自己搜集到的一大批杂文物和4部"古书"转售给了马继业，构成"中亚文物英国搜集品"第15批搜集品（马氏第6批文物）的主体。1897年12月到访喀什噶尔的英属印度军官拉尔夫·帕特森·科波尔德上尉，也曾在霍克伯格的指引下挖掘过喀什噶尔附近的遗址。科波尔德记录说："亨德里克斯神父学识渊博，是一位优异的语言学家，能说大部分欧洲语言和亚洲语言。他在天文学和地质学方面同样是专家，对帕米尔的地质构造颇为熟悉。我和他多次绕着喀什噶尔散步，……我们还多次一起出城打猎野鸭。一天上午，在瑞典传教士霍克伯格先生的陪同下，我们带着镐头，探访了平川上的几处古代土岗。我们成功地发掘出一些稀奇古怪的陶器碎片，还有一些古代钱币和雕塑像残块。"

1897年6月，瑞典宣教契约教会传教士马格努斯·巴克隆德到达喀什噶尔，加入传教站的工作。巴克隆德一到达喀什噶尔，就开始研究语言学、搜集文物，并与孟加拉亚细

三十 瑞典传教士在南疆的文物搜集活动 | 219

插图 74　第一个踏足喀什噶尔的瑞典传教士豪伊杰尔

亚学会的霍恩勒取得了通信联系。当时霍恩勒面临的最大难题，就是"英国搜集品"中大量出现的"未知文字"文书是否有假。霍恩勒曾怀疑"未知文字"的真实性，据他自述："我在获得和阗古书的最早阶段，怀疑古书真实性质的念头就浮现在我心中。有人告诉我说，大英博物院的权威们以及其他一些人也有这种想法。"为了弄清真相，霍恩勒决定委托在喀什噶尔的瑞典传教士来调查这个问题。1897年底，霍恩勒给巴克隆德写了一封委托信（插图75）。

1898年4月，和阗觅宝人伊斯拉姆·阿洪带着一批"古书"，来到喀什噶尔兜售。他于4月7日向巴克隆德售出了3部"古书"，但他在卖书时的反常表现，引起了巴克隆德的怀疑。巴克隆德后来记录说："当我拿起书来，想仔细看看它们是印本还是写本的时候，他显得有些不安，并自言自语道：'真怪，他怎样看得这样仔细！'我出的价钱不到他索价的一半，可他不但不讨价还价，反而另塞给我一些他带来的古币。"

伊斯拉姆走后，巴克隆德的一位仆人走了进来，举报伊斯拉姆造假之事。巴克隆德记录说："他（伊斯拉姆）走后，我的一个仆人进了我的房屋。他对我说：'先生，我想告诉您，这些书并不像人们说的那么古老，因为我知道它们的制作过程，所以我想向您说出真相。当我居住在和阗的时候，我也非常想干这一行买卖，但总是摸不着门，甚至连古书的

三十　瑞典传教士在南疆的文物搜集活动　| 221

插图 75　第一个调查和阗文物赝品案的瑞典传教士巴克隆德

音讯都打听不到。后来，我请教我的母亲，她建议我去找一位关系密切的男孩，试着打听点情况，因为这个男孩的父亲是干这一行买卖的首领。'"

巴克隆德知情后，急忙于1898年4月8日给马继业写信说："这些书并不古，而是今天源源不断造出来的。据说，这些书的制作方法如下：书页印好后，先挂在烟筒上熏，以便让它们看上去显得古老。然后再部分烤焦，并覆盖上一层烟灰。当纸页颜色发暗同古书颜色相适合时，再掸掉烟灰，将纸页装订成书，然后拿到沙漠中埋在沙土底下。过了一段时间之后，它们又被'发掘'出来，并进入市场，去蒙骗那些欧洲傻瓜。"巴克隆德实际上已直截了当地说明，伊斯拉姆兜售的"古书"是赝品。

1898年6月29日，巴克隆德又给霍恩勒写信，汇报调查结果。他在信中说："我决定从这时起，用更加谨慎的眼光审视这些古书。眼光一变，以下几点事实立即一目了然：（1）书源丰富至滥，虽然每一个去和阗的欧洲旅行者都对古书怀有极大的兴趣，但是我们还是可以出任何价钱买得古书，更不用提俄国领事和马继业碰上古书就买；（2）这些书的外观实际上新而不古。"

巴克隆德是第一个查明和阗文书赝品案的欧洲人，并向马继业、霍恩勒发出了明确的警告。奇怪的是，马继业此后仍继续收购伊斯拉姆提供的"古书"，霍恩勒也不断地在解读"未知文字"。更有趣的是,巴克隆德虽已查明伊斯拉姆卖给他"古书"是赝品,却于1898年6月将它们转手卖给了科波尔德。科波尔德结束考察后,又于1899年6月托人将"古书"捐赠给了大英博物院的东方印本与写本部。

原载《团结报》2016年3月10日第8版。

三十一
戴希与科波尔德在南疆的文物调查

驻印度英军第 16 骑兵团军官亨利·戴希上尉于 1896 年主动退役，为的是能代表伦敦皇家地理学会，长期在中国西藏、新疆考察。1897 年，英军第 16 步枪团军官拉尔夫·帕特森·科波尔德上尉获得一年休假，计划利用假期前往中国帕米尔高原游猎。1897 年 9 月 14 日，戴希和科波尔德在克什米尔相会，结成旅伴。两人于 10 月 20 日走到塔克墩巴什帕米尔后，科波尔德四处追杀马可·波罗羊，戴希则忙着测绘地图。两人因目的不同，遂于 12 月上旬在帕米尔分道扬镳，科波尔德前往喀什噶尔方向，戴希则前往莎车州城叶尔羌方向（插图 76）。

科波尔德于 1897 年 12 月中旬到达喀什噶尔，由马继业接待。在拜访喀什噶尔道台黄光达的过程中，老病交加的黄氏听说科波尔德要上天山打虎猎熊，精神为之一振，提出

三十一 戴希与科波尔德在南疆的文物调查 | 225

插图 76 身穿清朝服装的戴希像

了特殊要求。科波尔德在游记中记录说:"当我访问道台时,他请求我在旅行完毕返回来的时候,给他带一些老虎的内脏,他要作药用。他还让我再给他带一些熊掌,他认为那是最上等的佳肴。"当然,黄氏为了能吃到虎下水、熊掌,爽快地同意了科波尔德的狩猎计划。

科波尔德在喀什噶尔逗留期间,还与荷兰传教士亨德里克斯、瑞典传教士霍克伯格一起,调查了周围的古代遗址,并做了一些挖掘。科波尔德还记录下和阗一带的文物状况:"我们提到的文物,包括陶器、钱币、写本、雕版印本书和其他各种各样的杂文物,它们绝大部分来自和阗。现在已知有15个不同的遗址,都坐落在距离和阗3英里至150英里不等的位置上。不过,其中只有两个遗址得到了欧洲旅行者的证实,它们的名字是波拉桑和阿克西皮尔。至于其他遗址,我们只能听当地觅宝人们所说的话了。他们的首领,似乎是和阗的一个名叫伊斯拉姆·阿洪的人。"

1897年12月18—25日间的某天,伊斯拉姆来喀什噶尔兜售赝品书,与科波尔德不期而遇。科波尔德记录道:"某一天,有个人从和阗来此,随身带着一些写在桑树皮或桦树皮上的写本残片,上面用一种未知的语言写着一些文字。我怀着极大的兴趣,检查了这些残片,并且打听了这些东西是怎样落入那人手中的。"随后,科波尔德毫不犹豫地买下了这些"未知文字"文书残片。1898年1月6日,科波尔德离开喀什噶尔，前往天山打猎。他一直走到巴尔喀什湖畔，也没能打到一只老虎，只好于 4 月返回喀什噶尔，这让黄道台大失所望。直到 1898 年 8 月 4 日，科波尔德才返回吉尔吉特，结束了考察。

在这段时间里，戴希一直在和阗、叶尔羌以南的昆仑山里绘制地图。他于 1898 年 1 月 20 日到达叶尔羌，此后与暂住这里的瑞典传教士巴克隆德形影不离。3 月，马继业和亨德里克斯神父先后从喀什噶尔来到叶尔羌，陪戴希旅行了一段时间。某日，伊斯拉姆又来到叶尔羌，向马继业兜售雕版印本书，并声称"古书"来自固满（后置皮山县）、和阗之间的沙漠遗址。马继业建议戴希雇伊斯拉姆为向导，去这些遗址实地考察一番。戴希在游记中记录说："要起程前往西藏，在季节方面还是太早了。于是马继业建议说，我应该进行一次短时间的远足旅行，进入塔克拉玛干沙漠走一遭。他认识一个人，名字叫伊斯拉姆·阿洪。这人经常向马继业出售一些书籍，声称它们很古老，并发现于塔克拉玛干沙漠中。我的朋友并不是购买此类书籍的唯一买主，因为彼德罗夫斯基和几乎所有在这一地区游历的欧洲旅行者，都在那人的劝诱下买了这种书籍。那人声称，他熟悉那片沙漠中的许多沙埋古城。他还同意，可以给我当向导，在把我带到不曾被任何欧洲人探访过的至少一座沙埋古城之前，不收取任何报酬。"实际上，伊斯拉姆所说的遗址本是编造出来的子虚乌有，但他又不能拒绝马继业和戴希的要求，只好先硬着头皮吹大牛，走一步算一步。

1898年4月12日，伊斯拉姆领着戴希考察队离开叶尔羌，进入固满、和阗方向的沙漠中。一行人在沙漠里转了两天两夜，一无所获。到第三天，当所带饮水告罄时，伊斯拉姆竟心生歹念，撇下他的雇主和其他人马，于深夜单独潜逃。伊斯拉姆回到和阗城后，又伪造戴希的手令，去目不识丁的巴德鲁丁·汗那里诈骗了相当于12卢比的一笔钱（插图77）。

戴希大难不死，从沙漠中逃生后，一路上向官府举报伊斯拉姆图谋害命之罪。5月5日，戴希到达和阗后，要求知州潘震严惩伊斯拉姆。潘震遂派人捉拿了伊斯拉姆，以诈骗罪判处他一个月枷禁。据戴希记录说："我到达和阗后不久，就传来消息说，伊斯拉姆·阿洪已经被抓住了，并且被州官判处枷禁。他的脖子上要戴一个月的木枷，也就是重约30磅的一大块方形木板。"伊斯拉姆吃了这场官司后，感到事情败露，停止了伪造文物的活动（插图78）。

1899年3月7日，戴希从喀什噶尔给伦敦皇家地理学会写了一封汇报信，警告和阗文物有赝品。皇家地理学会在机关杂志《地理学学报》上介绍了该信的内容："他提到，在和阗，有人大批制造所谓古代写本的情况。他警告旅行者说，购买文物时千万要小心。因为当地拿出来出售的文物中

三十一　戴希与科波尔德在南疆的文物调查　｜　229

插图 77　伊斯拉姆领着戴希考察队走在塔克拉玛干沙漠中

插图78　因诈骗罪被判处一个月枷禁的伊斯拉姆（左二）

间，至少有 95% 都很有可能是伪造的。古代遗留下来的真书无疑是存在的，但是极为难得。"7月21日，戴希返回列城，结束了考察。1900年，皇家地理学会将该年度的最高金质奖章"创建者奖章"颁授给了戴希。

原载《团结报》2016年3月17日第8版。

三十二

克莱门兹与国际"吐鲁番学"的诞生

在 1871 年普鲁士王国统一德国并建立德意志帝国之前,德国学者们为追求世界性影响力,往往会投奔俄、英、法等大国。德国植物学家阿尔伯特·李盖尔(后改名"阿诺尔德·爱德华诺维奇")于 1855 年移居俄国首都圣彼得堡,成为俄国园艺学的奠基人,自 1875 年起担任俄罗斯帝国植物园主任。1879 年 9—11 月,李盖尔从俄国侵占的中国伊犁地区潜入吐鲁番盆地,为亦都护城(高昌故城)、土峪沟石窟等古代遗址绘制了平面图,成为近代史上第一个探访吐鲁番古代遗址的欧洲人(插图 79)。

德国东方学家弗里德里克·威廉·拉德洛夫(后改名"瓦西里·瓦西里耶维奇")从柏林大学毕业后,于 1858 年移民到圣彼得堡。1860—1870 年,拉德洛夫在西伯利亚和俄属中亚进行了一系列考察,从而成为国际突厥学的奠基人。随

三十二 克莱门兹与国际"吐鲁番学"的诞生 | 233

插图 79 近代第一个探访吐鲁番遗址的欧洲人李盖尔

着欧洲探险家在中国西北进行考察的报告书不断问世，随着新疆出土文物的日益增多，拉德洛夫也开始将目光投向了中国突厥语族诸民族的语言、历史和文物。

李盖尔的考察报告书《吐鲁番》《我的1879年吐鲁番考察》等于1880—1881年在德国《皮特曼学报》上发表后，欧洲考古学家的目光被吸引到了吐鲁番盆地。已是俄罗斯科学院院士的拉德洛夫，呼吁来华经商的俄国人在途经吐鲁番盆地时观察文物古迹，随时向科学院提供情报。1893—1895年，由普尔热瓦尔斯基培养出的两位俄国中亚探险家，即乌谢沃罗德·伊万诺维奇·罗伯洛夫斯基和彼得·库兹米什·科兹洛夫，代表俄罗斯帝国地理学会在中国西北考察，其间在吐鲁番获取一包出土于土峪沟石窟、亦都护城等遗址的汉、回鹘、梵等语文写本残片。1896年，罗、科二氏将这包吐鲁番文书转交给了地理学会，学会又将它们寄给俄罗斯科学院亚洲博物馆，并请鄂登堡负责鉴定（插图80）。

1897年12月，俄罗斯科学院历史学和语言学学部成立了一个旨在搜集吐鲁番文物的专门委员会，由拉德洛夫担任主席。该委员会的成员中，包括鄂登堡和俄罗斯科学院人种学博物馆管理员季米特里·阿列克山德罗维奇·克莱门兹。克莱门兹早年是俄国革命活动家，1879年被捕，并被流放到西伯利亚的米努辛斯克。此后，克莱门兹远离政治，在米努辛斯克博物馆潜心研究人种学和考古学，于1891年参加了

三十二 克莱门兹与国际"吐鲁番学"的诞生 | 235

插图 80 吐鲁番文书的最早搜集者罗伯洛夫斯基(左)和科兹洛夫(右)

拉德洛夫领导的蒙古鄂尔浑考察团，于1894—1896年在蒙古考察。1897年，克莱门兹被调回圣彼得堡，等待进入新疆考察的机会（插图81）。

为了做好考察吐鲁番的准备，拉德洛夫于1897年底邀请德国汉学家弗里德里克·夏德提供帮忙，将汉文史书中有关吐鲁番的资料全部辑出。夏德当年刚从中国海关退休，返回慕尼黑居住，闲来无事，很快就为拉德洛夫编译成了一本吐鲁番指南。1898年，拉德洛夫派遣克莱门兹和鄂登堡前赴吐鲁番，目的"主要是调查土峪沟麻札和亦都护城，如果有可能的话，也调查一下吐鲁番地区的其他古代遗址"，考察期限为4个月。考察队出发前夕，鄂登堡的儿子突然患病，不得不退出。最后形成的吐鲁番考察队，由克莱门兹任队长，其妻伊丽莎白·尼古拉耶夫娜·克莱门兹和民族学家米哈伊·斯提潘诺维奇·安德烈耶夫为队员。

吐鲁番考察队于1898年5月离开圣彼得堡，当年9月初到达吐鲁番。随后，考察队根据夏德的指南书按图索骥，在吐鲁番绿洲记录并拍摄了许多遗址，绘制了遗址平面图，制作了一大批文物摹图和拓片，也获得了一批文物，其中包括从诸多石窟寺中剥移下来的壁画残片。1899年初，考察队返回圣彼得堡。

克莱门兹结束考察后，与拉德洛夫合作，用德文撰写了考察报告书《圣彼得堡帝国科学院1898年赴吐鲁番考察队

插图 81　国际"吐鲁番学"的奠基人克莱门兹

的汇报》，于1899年在圣彼得堡出版。该书第一部分《吐鲁番及其古迹》由克莱门兹撰写，第二部分《吐鲁番的古代回鹘语语言学样本》由拉德洛夫撰写。考察队的成果陆续刊布后，在国际东方学界引起了轰动。英国《地理学学报》1899年6月号中这样介绍克莱门兹："他在考古学方面的发现，具有很大的意义。在吐鲁番附近、哈喇和卓、土峪沟麻札等地，他检查了古城遗址。但他最让人感到振奋的发现，是佛教的石窟寺，其中有保存完好的壁画，还有用回鹘语、汉语、梵语等语言写成的古代写本和铭文题记。一部分壁画和铭文题记被他带了回来，其余的部分也被他拍成了照片。他总共检查了至少130个石窟寺。"

中国学者傅振伦在《百年来西北边疆探检年表》一文中认为，克莱门兹的吐鲁番考察是"外人在我国西北作有系统的科学发掘的开始"。英国学者彼得·霍普科克在《丝绸之路上的洋鬼子》一书中认为，克莱门兹考察队"是有史以来第一个访问中国属中亚地区的纯考古学考察队"。德国学者赫尔伯特·哈太尔曾这样评价说："1898年，当奥莱尔·斯坦因正在筹备他的第一次中亚考察的时候，当斯文·赫定正在准备他的第三次中亚考察（1899年开始）的时候，一位俄国学者季米特里·克莱门兹开始为圣彼得堡科学院进行第一次真正具有考古学性质的调查工作。确实是因为他的考察结果，才激发起德国、法国和日本的大规模中亚考察活动，从

1902 年开始，到 1915 年左右结束。克莱门兹是第一个对古遗址进行拍照并带回写本、壁画和其他文物的学者。"但不管怎么说，克莱门兹都算是第一个系统劫掠吐鲁番文物的欧洲人，也可谓国际"吐鲁番学"的奠基人。

原载《团结报》2016 年 3 月 24 日第 8 版。

三十三

斯坦因制订和阗考古计划的历史背景

霍恩勒在整理、鉴定"中亚文物英国搜集品"的过程中，曾打算亲赴中国新疆和阗，调查文物古迹。但他的本职工作是加尔各答马德拉萨学院院长，业余工作是孟加拉亚细亚学会副会长，各项事务缠身，难以成行。1897年2月，56岁的霍恩勒又被推选为孟加拉亚细亚学会会长，任期一年。他此时年事已高，行动不便，面临着即将从印度退休的人生转折，不得不放弃亲赴中国考察的想法。为了帮自己调查"未知文字"文书中是否有赝品的问题，霍恩勒只好求助于瑞典传教士巴克隆德。

巴克隆德于1898年6月29日给霍恩勒写的信中，正式提出了赝品说。此时，霍恩勒已陆续向英印政府呈交鉴定报告，认定"未知文字"文书全是真文书，很难接受巴克隆德的观点。于是，霍恩勒在1898年撰写的《关于中亚文物英国搜集品的报告》第一部分中,专门列了"真伪问题"一节,极力驳斥巴克隆德的赝品说。为了展示自己的看法正确,霍恩勒提出以下建议:"关于和阗周围沙漠遗址及有关的一切事物,我们都必须依靠实地信息,这些信息又必须谨慎地获得。鉴于此,我认为极有必要让一些具有考古学经验的欧洲探险家去当地探访、检查并提供报告。"在这样的背景下,旁遮普大学学生注册官兼拉合尔东方学院院长奥莱尔·斯坦因挺身而出,愿以"具有考古学经验的欧洲探险家"身份,去和阗实地调查,以期最终解决欧洲学术界的这场争论(插图82)。

斯坦因于1862年出生于匈牙利布达佩斯的一个犹太人家庭,先后在奥地利、德国、英国的多个高校接受东方学教育后,于1887年底到英属印度旁遮普省首府拉合尔工作。当霍恩勒于1891年解读了"鲍威尔写本"后,斯坦因也将研究目光从克什米尔转向了中国塔里木盆地。据斯坦因自称:"1891年,鲍威尔上校获自库车的著名桦皮写本开始为印度学家们所知。从此以后,我将眼睛盯住了南疆,认定这里是干考古学事业的场所。"早在1897年,斯坦因就萌生了要去和阗考察的念头,并征求过霍恩勒的意见。1898年,霍恩勒选定斯坦因接替马德拉萨学院院长一职,并进一步鼓励斯坦因将"替身"当到底,再代替自己去和阗走一遭。

1898年6月25日,斯坦因给霍恩勒写信,提出自己的

插图 82　导致近代中国文物大规模外流的罪魁祸首斯坦因

和阗考古计划,并邀请霍恩勒整理、考释未来所获的和阗文物。霍恩勒于7月2日给斯坦因回信中说:"我是多么想和您联手从事这一个项目啊!但是,我有一些事情缠身,明年夏天必须要住在欧洲。况且,我现在恐怕是太老了些,已无法应对这样一次旅行的劳顿。不过,您还年轻,也很强壮,有指望大获全胜。……能有您这么一位合作者,我简直太高兴了。您、我二人应该联手工作,精心整理阐释收获物。"在霍恩勒的指点下,斯坦因于1898年9月10日给英印政府呈交了拟赴和阗考古的申请书。

斯坦因在申请书中说:"我计划去中国新疆的和阗及其周围古代遗址,做一次旅行,进行考古学考察。……迄今为止所进行的局部考察,以及所得到的发现物,都是当地觅宝人的偶然搜寻活动的结果,这些当地觅宝人的陈述需要核实。我们可以有把握地断言,对于以这种方式获得的古物,如果能将其来源问题正确地鉴定出来的话,那么它们肯定是会增值的。"斯坦因在申请书中还提出以下要求:"我还想进一步指出,拟进行的考察能否取得成功,和阗地方当局的协助看来是至关重要的。因此,我希望印度政府能够设法让中国的中央政府或省政府给和阗知州下达命令,以便使我能够得到以下许可:(1)准许我测绘或探寻和阗境内所有的古代遗址;(2)准许我在这些遗址上从事发掘工作,并准许我保留从这些遗址中发掘出来的具有文物价值的出土物;(3)准许我在有人出售这类文物时购获它们。"

在斯坦因申请考察的过程中,霍恩勒于1898年10月13日给英印政府农业与财税部部长托马斯·霍尔德尼斯写了一封推荐信,信中说:"在我看来,和阗以及中国新疆的南部显然属于英国考察事业的专有领地。按理说,这块地方属于英国的'势力范围',——这里套用了一个现代词汇。我们不能允许其他人攫取因发现而带来的荣誉,这些荣誉应该属于我们自己。"1898年10月下旬,霍恩勒又给新任英属印度总督兼副王寇松勋爵写了一封推荐信,信中说:"南疆的南部,自然而然地应该被划分在英国的'势力范围'之内。……依我之见,派遣一支科学考察队去和阗,可以被当做是在这一方面向有关各国发出的暗示。"这些超出学术范围的话语,充分暴露了霍恩勒内心深处的帝国主义思想(插图83)。

在霍恩勒的推荐下,在寇松的支持下,英印政府批准了斯坦因的和阗考古计划,并请英国外交部指令英国驻华公使窦纳乐爵士,为斯坦因申请中国护照。1899年3月16日,窦纳乐给清朝总理衙门写照会,请为斯坦因发放游历护照。考虑到清朝政府禁止发掘文物,窦纳乐在照会中没敢提及考古发掘或购买文物之事。总理衙门于5月为斯坦因颁发了护照,并由窦纳乐寄回英印政府外交部。窦纳乐在给外交部的附信中解释说:"至于发掘工作和文物购买工作,据认为,

插图 83　鼓励斯坦因赴中国考古的英属印度总督寇松

插图 84　为斯坦因和阗考古申请到中国护照的英国驻华公使窦纳乐

任何提及此类事情的话,都有可能妨碍他(斯坦因)达到目的,而丝毫不能有助于他实现自己的目标。"(插图84)

按照斯坦因的原计划,他应于1899年初夏开始考察。但因他于5月1日刚继任马德拉萨学院院长,交接工作繁忙,只好将起程时间推迟到了1900年初夏。

原载《团结报》2016年3月31日第8版。

三十四
从保宁莫高窟考古说藏经洞发现时间

英、法联军发动第二次鸦片战争期间（1856—1860年），法国还从1858年开始大举入侵越南及中南半岛。通过1858—1884年间的三次法越战争，法国于1884年6月6日迫使越南政府签订《顺化条约》，使越南沦为法国的保护国和殖民地。1887年，法国建立"法属印度支那"。设在西贡的"法属印度支那"政府为了更好地统治这块殖民地，鼓励以中国和东南亚为主要范围的东方学研究和考察。在这种背景下，法国探险家夏尔－厄德·保宁以"法属印度支那"为根据地，进行了纵贯、横穿中国的两次大规模考察（插图85）。

保宁于1886年毕业于巴黎文献学院，先在法国国家图书馆等单位任职多年，后考入法国外交部。1889年，保宁被派往"法属印度支那"政府工作，随后多次奉命考察安南（今越南）。1893年，保宁被任命为"法属印度支那"副驻扎

三十四　从保宁莫高窟考古说藏经洞发现时间 | 249

插图 85　最早研究敦煌莫高窟泥塑、壁画的法国人保宁

官，长期驻扎老挝。此后，他逐渐将旅行和考察的范围扩展到东亚和中亚地区。

法国探险家杜特列·德·兰斯于1894年6月5日在青海玉树结古镇附近被杀后，其助手格瑞纳德于7月26日从甘肃省西宁府给法国《辩论报》写了一封长信，叙述杜氏被杀过程，同时宣称他们在青藏高原发现了湄公河（澜沧江）和扬子江（长江）的源头。保宁阅报后，立即萌生了赴华考察元江（红河）、澜沧江和长江上游地区的念头。1895年7月，保宁从河内出发，溯红河（元江）而上，到达中国云南、四川，考察三江上游水系。随后，保宁离开成都府，一路向北，于1896年9月中旬到达乌勒加（今蒙古乌兰巴托）。此后，保宁经张家口、北京、天津，于1896年底经海路返回河内，完成了从南到北纵贯中国的考察旅行。

为了搜集中国文物，法国最高科学机构法兰西研究院的碑铭学与美文学科学院于1898年做出决定，资助保宁以考古学为主要目的，再进行一次从东向西横穿中国的考察。保宁于1898年4月离开河内，首先进入中国西南考察。他在四川峨眉山和雅安一带获得一批文物，"包括有价值的碑铭的拓片和抄件，以及佛教徒们的非常奇怪的宗教画像的标本"。结束西南考察后，保宁于1899年2月到达上海，于4月到达北京。

1899年4月底，保宁从北京出发，经归化城（今内蒙古呼和浩特），再沿黄河行至宁夏府。保宁在宁夏府逗留期间，获得一件石碑拓片，并把它寄给了法国公共教育与美术部部长乔治·莱格。莱格于1899年秋将这件拓片转给了碑铭学与美文学科学院。保宁离开宁夏府后，考察了河西走廊、祁连山脉、青海塔尔寺周围地区，然后再越祁连山，经河西走廊西行，于1899年9月到达敦煌县。

保宁在敦煌逗留期间，专程前往莫高窟（千佛洞），仔细调查了各窟的壁画和泥塑，分类进行了研究。他在莫高窟期间，还为4块古碑制作了拓片，即776年的《大唐陇西李府君修功德记》、894年的《唐宗子陇西李氏再修功德记》、1348年的《六字真言碣》和1351年的《重修皇庆寺记》（插图86）。

保宁在莫高窟的考古活动，在"敦煌学"历史上具有多重意义。其中特别值得一提的是，持续百年的藏经洞发现时间问题，因此而得到了解决。关于莫高窟道士王圆禄发现藏经洞的时间，有近10种说法。其中比较可信者，是1899年说和1900年说。1899年说的主要依据，是王道士徒子徒孙们所立的《王圆禄墓志》，其中说藏经洞之发现系"光绪二十五年五月二十五日（1899年7月2日）事也"。1900年说的主要依据，是王圆禄写给某官员的《催募经款草丹》，其中说"至（光绪）贰拾陆年五月贰拾陆日（1900年6月22日）清晨"，他发现了藏经洞。保宁于1899年9月在莫高窟考古，进入所有能进入的洞窟，却未见过藏经洞，也未获得

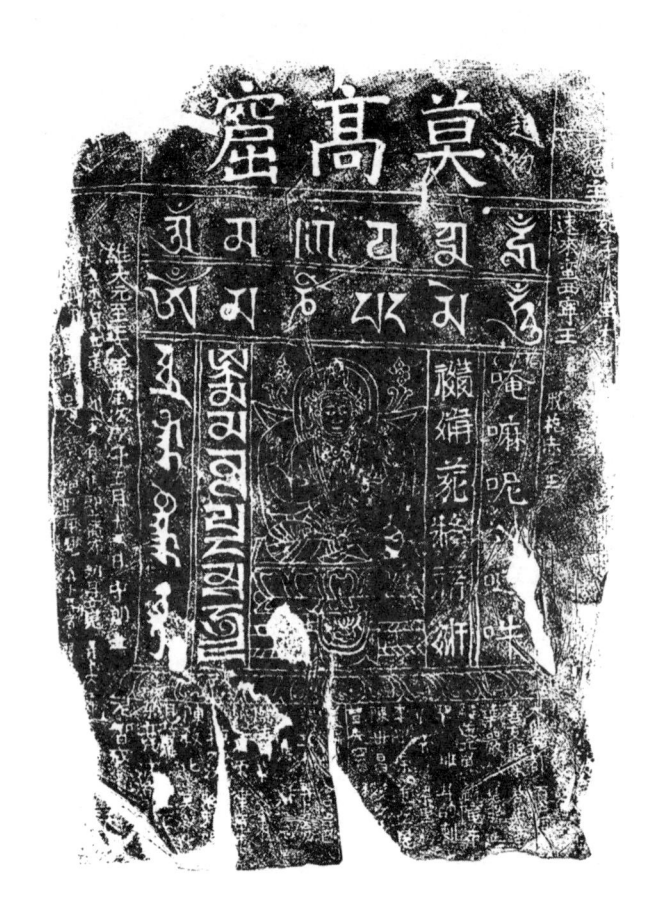

插图 86　保宁在莫高窟制作的《六字真言碣》拓片

一件藏经洞文物，足证1899年说不能成立，藏经洞的发现时间应是1900年6月22日。

保宁离开敦煌后，向西南进入阿尔金山脉，再沿山西行，至新疆罗布淖尔地区。保宁在罗布淖尔考察期间，于1899年12月16日与正在这里进行第三次中亚考察的斯文·赫定不期而遇。两人相见甚欢，在土拉·萨尔干·乌伊营地聚餐两日，醉生梦死。12月18日，保宁向斯文·赫定道别，斯文·赫定特意为保宁考察队拍摄了一幅合影照片。保宁离开罗布淖尔后，于12月底到焉耆，然后北越天山，于1900年3月14日到达固勒扎（今新疆伊宁），再取道俄国返回法国（插图87）。

保宁返回法国后，于1901年发表了两篇重要的文章，一篇题为《从北京经由蒙古、库库诺尔、罗布淖尔和准噶尔地区至俄属突厥斯坦的旅行记》，一篇题为《千佛洞》。《千佛洞》一文，是欧洲第一篇专题研究敦煌莫高窟的文章。保宁在文章的末尾感慨道："我希望，在下一次进行的探险过程中，能给我提供一个机会，让我得以对这篇粗略的研究成果加以完善，并对有关这个千佛洞的主要问题进行阐释。今天，我只是要提请碑铭学与美文学科学院去关注这个千佛洞。因为难以到达的缘故，还没有多少人知道这处遗址。在佛教从印度向中国传播的历史上，这处遗址很可能是极为古老的、极为重要的一站。"

插图 87　斯文·赫定在罗布淖尔为保宁（中立者）及其考察队拍摄的合影

就在保宁横穿中国期间，碑铭学与美文学科学院于1898年12月15日在河内创建"印度支那考古学调查团"。1900年1月15日，该调查团改组为"法兰西远东学院"。1906—1908年，碑铭学与美文学科学院资助法兰西远东学院汉学教授保罗·伯希和进行中亚考察。伯希和于1908年2—5月在莫高窟考古，完成了保宁的未竟之愿。

原载《团结报》2016年4月7日第8版。

三十五

西方列强争夺新疆文物的国际化进程

到了 19 世纪末，西方帝国主义列强为防止各国在中国新疆哄抢文物过程中相互冲撞，希望建立某种旨在协调各方利益的国际组织。1897 年 9 月在法国巴黎召开的第 11 届国际东方学家代表大会上，通过的第 3 号决议案决定建立"印度考古学探险国际协会"，其目的之一是协调各国在印度域外搜集与印度有关的文物。该协会的筹建委员会名单中，虽也包括法国亚洲学会会长塞纳、奥地利维也纳大学教授比累尔、俄国圣彼得堡大学教授鄂登堡等世界著名印度学家，但改变不了该协会由英国人主导的特性，其总部也设在英国伦敦。巴黎大会还决定，第 12 届国际东方学家代表大会定于 1899 年 10 月在意大利罗马召开。

俄国人对英国人主导的"印度考古学探险国际协会"持消极态度，一心想另起炉灶，与英国分庭抗礼。但此时的俄国罗曼诺夫王朝正走向灭亡，国力衰落，已无力再支持中亚考古这类举动。俄国人要想维持自己在中亚考古领域已有的优势地位，只能争取建立一个可约束考察活动、划分考察范围的国际组织，总部设在俄国圣彼得堡。经费短缺的俄国人，希望先和尚待出手的德国人合组考察队，以垄断塔里木盆地北道库车至吐鲁番盆地一线的考古发掘权，进而达到阻止英国势力从南道北上的目的。在此基础上，俄国人急切拉拢德国，组建"统一战线"，希望能在第 12 届罗马大会上发起一个组建中亚考察国际组织的提案。为此目的，俄罗斯科学院的德裔突厥学家拉德洛夫、伊朗学家卡尔·日耳曼诺维奇·萨勒曼等院士四处奔走，与德国柏林人种学博物馆印度部主任阿尔伯特·格伦威德尔等德国东方学家串联协商（插图 88）。

第 12 届罗马大会召开前夕，拉德洛夫和萨勒曼带着克莱门兹考察队从吐鲁番获取的一批文物，在前往罗马开会的途中，于 1899 年 9 月下旬逗留柏林，先让格伦威德尔等人过目，随后与其共议合作之事。据格伦威德尔的 "1899 年 9 月 26 日备忘录" 记录："昨天，拉德洛夫教授和萨勒曼教授将发现于吐鲁番的石窟壁画样本（以及一些写本和木刻）带到柏林，他们打算将这批文物提交到罗马大会上。他们问我：普鲁士政府是否准备合作参加（俄国）科学院正在筹备的更大规模的考察？最起码，他们要求我们对整个计划的科

插图 88　推动新疆考古国际化的俄国东方学家拉德洛夫（左）和萨勒曼（右）

学意义表态，以从道义上支持这一计划。"俄国人在串联过程中，自然提及拟在圣彼得堡设立中亚考察国际组织的计划，争取德国东方学界的支持（插图89）。

1899年10月3—15日，第12届国际东方学家代表大会在罗马召开。刚从印度退休的霍恩勒在大会上展出了"中亚文物英国搜集品"中的重要标本，拉德洛夫也在大会上介绍了克莱门兹的吐鲁番搜集品，均引起大会的轰动。在此期间，拉德洛夫、萨勒曼和鄂登堡上蹿下跳，为建立中亚考察国际组织奔走呼号。10月11日，在大会的"印度和波斯研究分会"上，拉德洛夫正式提出倡议，拟仿照"印度考古学探险国际协会"的做法，成立一个"中亚和远东历史学、考古学、语言学与民族学探险国际协会"，总部设在圣彼得堡。10月14日，罗马大会通过了筹建该协会的决议案，决定成立一个由14人组成的筹备委员会，成员包括拉德洛夫、鄂登堡、霍恩勒、夏德等人，委托拉德洛夫、鄂登堡两人在会后具体负责筹建该国际协会的事宜（插图90）。

拉德洛夫和萨勒曼在从罗马回国途中，再次逗留柏林，与格伦威德尔会商合作考察之事。但此时德国东方学家们已不再考虑与俄国人合作，决定要独立参加在南疆考古领域的国际竞争。据参加罗马大会的德国代表团报告说："尽管英国和俄国的发现物数目很大，价值颇高，但它们只不过是沧海里的一滴水。如果对遗址进行一次大规模的、井井有条

插图 89　德国吐鲁番考察队的发起人格伦威德尔

三十五　西方列强争夺新疆文物的国际化进程 | 261

插图 90　1899 年罗马第 12 届国际东方学家代表大会招贴画

的、经费得到充分保证的考察，尤其是通过对埋在沙漠底下的古城遗址进行发掘的手段，那么还应该有更多的写本、绘画品和雕塑品得以重见天日。如果有可能派一支科学考察队去南疆从事这项研究使命，那么东方学研究领域将会受益匪浅。"此后，格伦威德尔等人开始紧锣密鼓地组建"德国吐鲁番考察队"（后又称"皇家普鲁士吐鲁番考察队"）。

罗马大会之后，各国在新疆的考察、考古活动一路走向高潮。除瑞典斯文·赫定正在考察、英国斯坦因即将考察、德国格伦威德尔筹备考察之外，俄国人当然也不甘落后，开始策划更大规模的考察。1900年2月9日，圣彼得堡大学考古学教授尼古拉·伊万诺维奇·维塞洛夫斯基联合克莱门兹和鄂登堡，向俄罗斯考古学会东方分会提交了一份建议书，题为《关于组建一支为考古学目的前往塔里木盆地的考察队的札记》。该建议书指出，俄国的中亚考察一直处于世界领先地位，"对塔里木盆地的研究，以及作为科学调查目标的种种发现，无疑应归功于俄罗斯的探险家们。……他们的工作加在一起，成就要远远地大于外国的学者。"该建议书建议：俄罗斯考古学会应定期派遣考察队前往南疆，避开和阗等地，将注意力集中在吐鲁番、库车、罗布淖尔等地。俄罗斯考古学会东方分会很快同意了这份建议书，随后向俄国政府财政部提出拨款要求。但此时俄国财政困难，财政部部长谢尔盖·维特于1900年6月20日给沙皇尼古拉二世上书，反对由国库资助任何赴南疆的考古学考察。因此，当中亚考古活动在20世纪的最初几年达到高潮期间，俄国人反而暂时落伍。

原载《团结报》2016年4月14日第8版。

三十六
斯文·赫定考察队发现楼兰遗址的经过

瑞典探险家斯文·赫定于1897年结束其第二次中亚考察后，欧美各国纷纷将最高奖章挂到他的脖颈上。1898年5月23日，伦敦皇家地理学会将该年度最高金质奖章"创建者奖章"授予斯文·赫定。斯文·赫定在颁奖仪式上发表获奖感言如下："在我因最近一次穿越亚洲而已经荣获的10枚奖章中，我今天有幸从皇家地理学会接受的这一枚，是我认为最重要的一枚，对我来说也是最珍贵的一枚。因为给我颁授这枚奖章的机构，是全世界所有地理学会中最著名的和最伟大的一个地理学会。"在巨大荣誉的刺激和诱惑之下，斯文·赫定于1898年开始筹建其第三次中亚考察队。

1899年6月24日，斯文·赫定离开斯德哥尔摩，开始进行第三次中亚考察。他取道俄属中亚，于8月16日到达中国新疆喀什噶尔，下榻于彼德罗夫斯基的俄国驻喀什噶尔总领事馆中。9月5日,斯文·赫定离开喀什噶尔,正式开始考察。9月17日,斯文·赫定乘船顺叶尔羌河、塔里木河而下,于11月18日到达罗布淖尔地区。此后,斯文·赫定以土拉·萨尔干·乌伊为大本营,考察罗布淖尔及其周围地区。12月20日,斯文·赫定离开大本营,进入位于塔里木河下游与车尔臣河之间的沙漠地带考察,于1900年1月11日到达车尔臣(后置且末县)。1月16日,斯文·赫定离开车尔臣,向西进入塔克拉玛干沙漠考察,在沙漠中发现了几处古城遗址。随后,斯文·赫定又经车尔臣,于2月24日返回罗布淖尔附近的大本营。

1900年3月5日,斯文·赫定率考察队离开大本营,开始穿越罗布沙漠的旅行。考察队在罗布沙漠里遇见多处古代废墟,往往要进行挖掘。3月28日,考察队的向导奥尔代克在挖掘一座小废墟时,将仅有的一把铁锹遗失在其中。斯文·赫定事后发现这一疏漏,立即派奥尔代克骑马返回去寻找铁锹。奥尔代克在寻找废墟的过程中,突然刮起沙尘暴,致使他迷失了道路。就在他四处突围时,意外地发现了一座古城遗址。奥尔代克带着从古城里采集到的文物标本,最终追上了考察队,并向斯文·赫定汇报了这一发现。

关于奥尔代克归队之事,斯文·赫定在其游记《中亚和西藏》中记录说:"我们在偶尔发现有两三根木材的一处地点,建立起第18号营地。正当我们忙着为过夜做各种准备时，奥尔代克赶上了我们。他是步行回来的，牵着他的马，扛着他的铁锹。在难行的地面上艰苦跋涉了36英里之后，人马都已极度疲劳。奥尔代克休息了大约一个小时后，前来找我，给我带来了一个极为重要的消息。"次日，斯文·赫定派奥尔代克再去古城遗址，带回更多的文物。考虑到饮水不足，斯文·赫定决定来年再回到这里，对古城实施大规模发掘。

斯文·赫定结束在罗布淖尔的第一期考察后，于1900年7月南下西藏，旅行了半年有余。1901年3月3日，斯文·赫定率考察队重返奥尔代克在罗布淖尔附近发现的古城遗址，进行了测绘与发掘，直到3月10日为止。考察队从遗址中发现大量木雕、钱币、壁画、写本等文物。考察队离开古城遗址后，再访罗布淖尔和罗布沙漠，然后再入西藏，并于当年12月南下印度旅行，于1902年5月14日回到喀什噶尔。当年的7月27日，斯文·赫定返回斯德哥尔摩，结束考察（插图91）。

斯文·赫定结束第三次中亚考察后，将他在罗布淖尔古城遗址发现的汉文文书交由德国汉学家卡尔·希姆莱考释。希姆莱很快就在德国《皮特曼学报》的1902年卷上，发表了《斯文·赫定在古代罗布淖尔旁边的发掘》一文，根据多件汉文文书上的"楼兰"字样，推断该遗址应为古代楼兰国都城。但希姆莱还没有来得及对全部汉文文书进行研究，就于1903年病逝。1904年夏季，斯文·赫定又将这批汉文文书以及希姆莱的遗稿转交给德国汉学家、莱比锡大学汉学教授孔好古

插图 91　斯文·赫定考察队于 1901 年 3 月发掘楼兰遗址的场景

（奥古斯特·孔拉第），委托他继续考释工作（插图92）。

孔好古面对这批从地下挖出的汉文文书，颇感难以胜任考释工作。正当孔好古束手无策之际，中国近代革命家、教育家蔡元培于1908年进入莱比锡大学留学，帮助他考释了全部楼兰汉文文书。在蔡元培的协助下，孔好古对多件写有"楼兰"地名的文书内容进行了考释，确证斯文·赫定考察队在罗布淖尔附近发现的这座古城遗址正是楼兰古城。楼兰遗址的发现，是近代中国考古史上的一个重大事件。1911年辛亥革命后，蔡元培立即取道西伯利亚回国，就任中华民国首任教育总长（插图93）。

孔好古后来为《斯文·赫定在楼兰遗址发现的汉文写本以及其他小文物》一书写的序言中，这样介绍了蔡元培的工作："草书文书中的各种古体，尤其是'行草'和中国人自己称为'狂草'的文书，非常难以辨认。甚至连蔡元培先生这样的权威人士，也感到十分棘手。蔡元培先生是中国的翰林，后来担任了文化部长（教育总长），他在1910年至1911年度跟随我听了长达两个学期的课。其间，他非常友好地跟随我整理了全部这批文书。"斯文·赫定后来在《1927—1935年亚洲考察史》一书中，这样评价了蔡元培的工作："蔡元培于1910年至1911年在莱比锡逗留期间，曾经协助孔好古教授解读、翻译我在罗布沙漠楼兰遗址发现的公元3世纪和4世纪的汉文写本，当时他做出了许多有价值的贡献。"蔡元培参

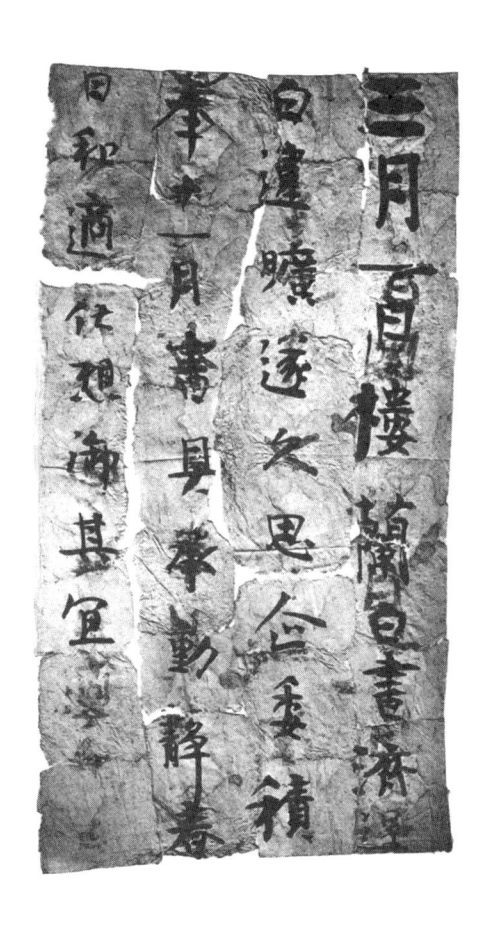

三十六　斯文·赫定考察队发现楼兰遗址的经过 | 269

插图 92　斯文·赫定在楼兰遗址发现的《三月一日楼兰白书》

插图 93　斯文·赫定所获楼兰汉文文书的考释者孔好古(左)和蔡元培(右)

与整理斯文·赫定所获楼兰汉文文书的这段经历，致使他在五四运动后积极领导中国知识界，掀起了一场场反对外国人来华考古、防止中国西北文物外流的爱国运动。

原载《团结报》2016 年 4 月 21 日第 8 版。

三十七
八国联军阴影下的斯坦因南疆考古

鲁迅在《不懂的音译》一文中说:"当假的国学家正在打牌喝酒,真的国学家正在稳坐高斋读古书的时候,沙(莎)士比亚的同乡斯坦因博士却已经在甘肃新疆这些地方的沙碛里,将汉晋简牍掘去了;不但掘去,而且做出书来了。"这句话点明,当斯坦因于1900年第一次来中国新疆考古时,全中国真真假假的国学家们尚不知考古学为何事。更应该强调的是,在斯坦因入华进行其第一次中亚考察过程中,中国近代史上发生了义和团运动、八国联军侵华、《辛丑条约》议定等一系列重大事件。斯坦因趁中国动乱之际,以南疆和阗为中心,圆满地完成了他的考古学调查、挖掘和文物搜集活动。

山东义和团于1900年春转入直隶、控制京津后,列强驻华公使团于5月28日议定调兵来北京,准备武装干涉义和团运动。远在克什米尔的斯坦因于 5 月 29 日离开斯利那加,取吉尔吉特道前往南疆考察。6 月 10 日,英国海军上将爱德华·西摩尔率英、美、俄、法、德、意、奥、日八国联军从天津向北京进犯,斯坦因一行则于当日到达吉尔吉特。将斯坦因引入新疆考古的"鲍威尔写本"发现者哈密尔顿·鲍威尔中校,此时也率领着他已在山东威海卫英租界里训练两年的"华勇营"(英国人称"第 1 中国团"),参加八国联军的作战,充当急先锋。6 月 20 日,义和团开始围攻列强驻北京公使馆,斯坦因也于当日到达罕萨(坎巨提)首府巴勒提特。6 月 21 日,慈禧太后向列强宣战(插图 94)。

京津一带战事正酣时,斯坦因于 1900 年 6 月 28 日离开巴勒提特,于 6 月 29 日进入新疆境内。斯坦因于 7 月 7 到达塔什库尔干后,收到英国克什米尔驻扎官于 6 月 26 日发给吉尔吉特政治代表的电报稿,转告中国发生动乱的事情,劝斯坦因中止在华考察。但斯坦因置之不理,于 7 月 10 日继续北进,于 7 月 29 日到达喀什噶尔,由马继业夫妇接待。在此期间,八国联军于 7 月 14 日攻占天津,于 7 月 30 日成立由鲍威尔等 3 名军官组成的天津临时军政府("天津都统衙门")。8 月 14 日,八国联军攻陷北京。慈禧太后率光绪皇帝等人于次日朝太原、西安方向逃窜。

斯坦因在喀什噶尔逗留期间,拜访了喀什噶尔道台黄光达等清朝官员。他们在餐桌上讨论的重要话题,就是八国联

插图 94　将斯坦因引入中国南疆考古的鲍威尔（中立者），
　　　　　也是八国联军侵华的急先锋

军和皇室西窜的事情。斯坦因在游记《沙埋和阗废址记》中记录说:"当时,在遥远的帝国东部,正在发生着政治动荡。而我和友好的老道台、他的同僚协台(将军)以及其他一些当地官员们,却在欢快地交往着。我一想起这一点,就感到很奇怪。通过吉尔吉特转发来的路透社电稿,以及从俄国方面间接传来的消息,我们知道当时在各国驻北京公使馆周围正在发生着激烈的战斗,我们也知道中国其他地方的欧洲人居住区也正笼罩在危险之中。"在中英交战的背景之下,年迈昏聩的黄光达竟在斯坦因、马继业的请求下,给其下属莎车直隶州知州刘嘉德、和阗直隶州知州潘震、于阗县知县韩瑶光等官员下达命令,要求保证斯坦因随意发掘和勘查,并在运输、给养、劳工等方面提供必要的支持。

1900年9月11日,斯坦因离开喀什噶尔,于9月17日进入莎车直隶州境内。9月22日,知州刘嘉德在州城叶尔羌宴请斯坦因时,席间谈论的仍是京津战事(插图95)。斯坦因在游记中记录说:"在吃饭的过程中,刘大人急切地询问我:关于北京被联军攻占、皇帝外逃之事,我是否听到什么消息。关于7月末以后发生的事情,我没有收到直接来自欧洲的任何消息,所以我也无法满足刘大人的好奇心。我只是叙述了一下欧洲欢庆各国公使馆安全无损时的宽慰心情。……有一点是很明显的:当地的中国官员们已经意识到了他们所效忠的政府面临着巨大的危险。他们也许对前途充

插图 95　斯坦因为莎车直隶州知州刘嘉德（中坐者）拍摄的全家福

满着忧虑，但是如果我在喀什噶尔的朋友们的看法不错的话，他们忧虑的是他们自己的命运，而不是他们国家的命运。这种忧虑悄悄地折磨着在这片流亡之地上的官员们的心灵。"9月27日，斯坦因离开叶尔羌，经叶城县县城哈尔噶里克，于10月13日到达考察基地和阗直隶州，由英侨商约巴德鲁丁·汗接待。

1900年10月13日中午，斯坦因便拜访了和阗直隶州知州潘震。潘震早已收到黄光达发来的指令，对斯坦因拟在和阗周围沙漠考古、在昆仑山脉中勘测水系的计划毫无阻拦之意。他只是告诫斯坦因说，奉总理各国事务衙门之命，严禁任何外国人从和阗越南山进入西藏高原。10月17日至11月11日，斯坦因在昆仑山中考察水文。在返回和阗的途中，斯坦因还考察了和阗绿洲西南部喀拉喀什河河畔的阔玛日山，调查"杜特列·德·兰斯写本"的发现地点阔玛日石窟。11月15日，斯坦因回到和阗城。

斯坦因考察昆仑山期间，巴德鲁丁·汗派几路觅宝人进沙漠勘察遗址。觅宝人吐尔迪找到了位于和阗东北方沙漠中大约9至10天路程的丹丹威里克（象牙屋）遗址，他带回的文物标本包括几块写有婆罗谜文题记的壁画残片、几块佛教泥塑残片和一小张用中亚草体婆罗谜文写成的文书。斯坦因审察标本后，决定将该遗址做为他进行沙漠发掘的首选遗址。1900年12月18日至1901年1月3日，斯坦因在丹丹

插图 96 斯坦因在丹丹威里克遗址二号庙室发现的唐代壁画"龙女像"

威里克遗址进行了大规模的考古发掘，出土了大量唐代文物。可惜的是，斯坦因于1900年12月22日在丹丹威里克遗址二号庙室发现的唐代壁画杰作"龙女像"（一说"吉祥天女像"），后人却只能根据照片进行研究。其原作早已在原址化为乌有，斯坦因拍摄的照片底版也至今下落不明（插图96）。

原载《团结报》2016年4月28日第8版。

三十八
斯坦因审结的伊斯拉姆伪造文物案

斯坦因于1900年12月18日至1901年1月3日在和阗东北方丹丹威里克遗址进行发掘期间,以慈禧太后为核心的朝廷正在陕西西安苟延残喘,遥控全权代表奕劻、李鸿章在北京与列强各国议和之事。1900年12月22日,德、美、法、英、日、俄等10国"全权大臣"提出《议和大纲》凡12款,主要内容是惩办排外罪魁,赔偿各国损失等。1901年1月16日,奕劻、李鸿章奉旨在《议和大纲》上签字。

在这样的大背景下,斯坦因有恃无恐,于1901年1月12日向西走到于阗县县城克里雅,由知县韩瑶光接待。韩瑶光宴请斯坦因期间,斯坦因照例要大讲特讲玄奘西天取经故事,并说《大唐西域记》中记载的"尼壤城"即克里雅东北方的尼雅遗址,想要前去一访,韩瑶光立即答应全力帮助。1月27日至2月13日,斯坦因在尼雅遗址进行了大规模的发掘，共清理废墟23座，获取汉文、佉卢文简牍等各类文物无数（插图97）。

斯坦因在尼雅遗址考察期间，光绪皇帝按照列强的要求，于1901年2月1日发布两道禁止中国人民仇外的上谕，在全国各府、厅、州、县布告张贴两年。其中第二道上谕中"著再责成各直省文武大吏，通饬所属，遇有各国官民入境，务须切实照料保护"。2月14日，慈禧太后发布"罪己诏"，宣称要"量中华之物力，结与国之欢心"。在这样的"大好形势"下，斯坦因又于2月20—26日发掘了安德悦遗址，于3月12—17日发掘了喀拉东遗址，于4月10—18日发掘了热瓦克佛寺遗址（插图98）。

1901年4月19日，斯坦因重返和阗城。随后8日间，他在和阗直隶州知州潘震的帮助下，审理了伊斯拉姆·阿洪伪造文物的案件。斯坦因在南疆考察期间，一直在调查伊斯拉姆的所作所为，并实地勘查了伊斯拉姆提供的多处沙漠遗址，确信它们全系子虚乌有。斯坦因于1900年10月初到和阗城时，伊斯拉姆闻风逃之夭夭，去邻近的策勒绿洲躲避。斯坦因于1901年4月再返和阗后，立即请求潘震擒拿伊斯拉姆。4月25日，潘震派衙役到策勒将伊斯拉姆押回和阗，交由斯坦因单独审讯。斯坦因以不交官惩办为条件，软硬兼施，诱使伊斯拉姆全盘交代了伪造文物案的全过程，并向斯坦因提供了印刷用雕版等实物证据（插图99）。

插图97　于阗县知县韩瑶光（中坐者）及其僚属

三十八　斯坦因审结的伊斯拉姆伪造文物案 | 283

插图 98　斯坦因发掘热瓦克佛寺遗址 100 年后，该遗址成为
全国重点文物保护单位

插图 99　和阗直隶州知州潘震（中坐者）及其僚属

伊斯拉姆虽免遭潘震的处罚，但自感无颜继续在和阗生活下去，请求斯坦因将他带往欧洲发展。斯坦因在《古代和阗》一书中记录说："我此前曾开玩笑地告诉他说，我认为他这个人简直太有才了，不能让他继续留在和阗，混在那群无知的庸人中间。一件奇怪的小事说明，对于这句话，我说者无意，他听者有心。就在我离去的前不久，伊斯拉姆·阿洪带着他的一个请求，来到我的面前，而且还显得特别严肃。他恳求说，我应该把他一起带到欧洲去。当时还搞不明白，他到底指望我能在哪些方面去利用他的才华。但有一点毋庸置疑，他之所以能提出这一奇怪的要求来，是因为有一个希望鼓舞着他。他渴望能在遥远的'外国'找到一片更加宽广的空间，去发挥他那伪造文物的才能！因此，当我冷酷无情地拒绝了他的要求后，也许不必为此感到遗憾。"不久后，伊斯拉姆便在和阗抑郁而终。

斯坦因逗留和阗期间，潘震曾建议斯坦因将一部分文物留下，以便呈交给新疆巡抚饶应祺，但遭到斯坦因的拒绝。斯坦因在《沙埋和阗废址记》一书中记录说："只是在一件事情上，潘大人对我的发现物表现出来的兴趣，最初使我感到为难。我要将所有这些古代文书都带到远西（西欧）去，这一事实使他踌躇不安。乌鲁木齐的抚台（巡抚）对于我的发掘目的非常关心，经常打听，他无疑也希望能听到结果。潘大人将拿什么东西让抚台看呢？我知道，当潘大人汇报我的案例时，已经给了我很大的同情，我衷心地感谢他对科学事业的支持。我答应从喀什噶尔给他寄来各种类型的古代文书的照片，保证能让他在将来应付抚台的好奇心。"斯坦因欺骗了潘震，后来并没有从喀什噶尔寄回任何文物照片。更何况，文物的原件和照片，岂可同日而语哉！

　　对于潘震、韩瑶光等清朝地方官提供的帮助，斯坦因在《沙埋和阗废址记》中表达了衷心的感谢："我福气不浅，遇上了像和阗直隶州知州潘大人和于阗县知县韩大老爷这样可靠的朋友。他们对我的工作怀有浓厚的兴趣，随时准备心甘情愿地在他们的职权范围内为我提供帮助。当时，他们的帝国正在与欧洲列强的冲突中剧烈地震动着，他们对此当然了如指掌。在这种形势下，这些和蔼可亲的官员们竟还能始终如一地亲切照顾我。每当我回想起这一点，我就愈发觉得应该感谢他们。"韩瑶光早死，潘震此后成为斯坦因一生中最亲密的中国朋友。

　　1901年4月27日，斯坦因离开和阗，经喀什噶尔出境，再经俄属中亚和欧洲，于7月2日返回英国伦敦。他在南疆获取的12箱文物和800多幅照片底版，也安全地运抵伦敦。斯坦因回到伦敦后所做的第一件事，便是乘火车去牛津，拜会已定居那里的霍恩勒，向他汇报对伊斯拉姆的审问结果，并提供有关赝品案的人证口供和物证。根据斯坦因于7月4日写给其兄厄恩斯特的信，霍恩勒"接受了这个不容否定的事实,并想把他解释赝品的报告销毁掉"。斯坦因于7月9日写给厄恩斯特的另一封信中也说:"(霍恩勒)对我带回来的标本极感兴趣。可以理解,他受伊斯拉姆·阿洪伪造品的打击太大。但让我满意的是,他已经镇定下来,我们免去了一次痛苦的争论。"近代震惊世界的和阗文物伪造案,至此画上句号。

原载《团结报》2016年5月5日第8版。

三十九
日本大谷光瑞西域考古活动的缘起

斯坦因于1900—1901年在中国新疆和阗一带进行的第一次中亚考察，既标志着近代中国西北考古学结束了19世纪触目惊心的起源阶段，也标志着近代中国文物外流活动进入了20世纪撕心裂肺的高潮期。斯坦因考察期间，世界第一大报《泰晤士报》于1901年3月30日发表《在中国新疆的发现》一文，宣称斯坦因在南疆的考古必将"重新找到人类历史上已丢失了的一个章节"。斯坦因返回欧洲后，通过各种手段自我宣传，直接激发了20世纪初的新一波西域考察浪潮。其中最具后续影响者，当属德国柏林人种学博物馆印度部主任阿尔伯特·格伦威德尔领导的第一次德国吐鲁番考察队和日本京都西本愿寺未来法主大谷光瑞领导的第一次大谷西域探险队。

日本明治维新后，试图"脱亚入欧"，努力向西方学习。

日本佛教最大宗派净土真宗的大谷派总本山东本愿寺和本愿寺派总本山西本愿寺，也派出大量僧徒赴欧洲各国留学，其中包括西本愿寺第 21 世法主大谷光尊的长男大谷光瑞。大谷光瑞于 1892 年与京都贵族九条道孝公爵之三女九条筹子订婚，而九条道孝之四女九条节子已于 1889 年许配给明治天皇的太子嘉仁（嘉仁即后来的大正天皇，节子即后来的贞明皇后）。大谷家与皇室连襟，西本愿寺又在甲午战争中为日军服务有功，大谷光尊遂于 1896 年被明治天皇封为伯爵。大谷光瑞于 1898 年和筹子完婚后，奉父命赴欧洲留学，于 1899 年 12 月离开日本，于 1900 年春到达英国伦敦。

大谷光瑞留学英国期间，被选为伦敦皇家地理学会、英国皇家亚细亚学会的会员，密切关注着斯坦因的第一次中亚考察，并筹划加入对中国新疆文物的争夺战。为此目的，大谷光瑞常去大英博物院阅读相关资料。其随员藤井宣正后来回忆说："有一段时间，我跟随着大谷光瑞猊下，天天都去大英博物院查阅东洋的古文书。还有一段时间，我在大谷光瑞猊下的指导下，花费了好几个月的时间，去调查中亚古今的教况、地理、历史等。"

斯坦因结束第一次中亚考察后，于 1901 年夏、秋两季居住在英国，随后返回印度。斯坦因返印途中，于 10 月初访问德国，拜会格伦威德尔。格氏当时正在筹建德国吐鲁番考察队，斯坦因遂向他传授考察经验，介绍新疆局势。为了能集中精力撰写考察详尽报告书，斯坦因又于1902年5月从印度返回伦敦。6月16日，斯坦因在伦敦皇家地理学会讲演，演题为《在中国新疆进行的一次地理学和考古学考察旅行》。当时正在伦敦的大谷光瑞，专门拜访了斯坦因，求教有关赴新疆考察的各种问题。

1902年夏，大谷光瑞决定从英国返回日本，计划在东行途中顺便进行西域考古，调查新疆境内的古代佛寺遗迹。大谷光瑞在伦敦组建的第一次大谷西域探险队，主要成员均为在欧洲留学过的西本愿寺弟子，包括渡边哲信、堀贤雄、井上弘圆、藤井宣正等人。渡边哲信先后在俄国圣彼得堡和英国伦敦学习宗教史，堀贤雄于1901—1902年在牛津大学地理学院学习地形测量学，是探险队的主力。大谷西域探险队起程前夕，大谷光瑞于1902年8月在伦敦拍摄了一张纪念照片，其解说词如下："明治35年（1902年）的8月，在英国首都伦敦的大谷光瑞法师即将踏上西域探险的征途时，为了纪念而拍摄的照片。时年27岁。"（插图100）

1902年8月12日，由格伦威德尔率领第一次德国吐鲁番考察队离开柏林，前往新疆吐鲁番考古。4天后，即8月16日，大谷光瑞率堀贤雄等8人离开伦敦，经圣彼得堡前往中国新疆考古。8月20日，渡边哲信也从伦敦出发，前往圣彼得堡与大谷光瑞等会合。大谷光瑞和渡边哲信两路人马于8月22日在圣彼得堡会合后，继续东进，于9月21日

插图 100　大谷光瑞于 1902 年 8 月在英国伦敦留影

到达新疆喀什噶尔，由代理英国驻喀什噶尔政治代表菲利普·约翰·迈尔斯上尉接待。在喀什噶尔，大谷光瑞决定，他本人率大队人马在降雪期之前翻越帕米尔高原，赶往印度巡礼，而渡边哲信和堀贤雄两人则继续留在新疆考古。

1902年10月4日，大谷探险队在叶尔羌正式分为两队。大谷光瑞一行南下印度，渡边哲信、堀贤雄一行先考察塔什库尔干等地，再转往库车方向（插图101）。1903年1月18日，大谷光尊在京都圆寂。大谷光瑞在印度加尔各答收到消息后，赶回日本，继位为西本愿寺第22世法主。留在新疆的渡边哲信和堀贤雄，先考察了塔什库尔干、叶尔羌、和阗、阿克苏等地，于1903年3月到达库车、拜城一带考察，探访了克孜尔千佛洞等7座石窟寺，获取大量佛教文物。随后，两人带着搜集品，经迪化（乌鲁木齐）、兰州、汉口等地，于1904年4月返回日本（插图102）。

格伦威德尔率领的第一次德国吐鲁番考察队于1903年4月结束考察后，格氏与其助手阿尔伯特·冯·勒考克又分别于1904—1905年、1905—1907年、1913—1914年领导了第二次、第三次、第四次吐鲁番考察队。大谷光瑞后来也分别于1908—1910年、1910—1913年派出了第二次、第三次大谷西域探险队。德国吐鲁番考察队系列和日本大谷西域探险队系列，在中国西北长期挖掘，导致大量中国西北文物外流。

三十九　日本大谷光瑞西域考古活动的缘起 | 293

插图 101　渡边哲信（右四）于 1902 年 12 月在新疆和阗玉陇喀什乡留影

插图 102　堀贤雄于 1904 年 1 月在甘肃兰州留影

大谷光瑞与孙中山关系密切，曾于1918年被聘为广州护国军政府顾问。但在日本全面侵华的过程中，大谷光瑞日益反华，常在报端辱骂中国人为"贼"。1935—1936年留学日本的中国学者常任侠，在1936年10月17日日记中愤怒地回击说，京都博物馆藏大谷搜集品"多半由大谷光瑞自中土盗来。大谷善骂中国人为贼，此真贼也！"

原载《团结报》2016年5月12日第8版。

四十
"国际中亚考古学探险协会"的成立

1902年9月3—10日,第13届国际东方学家代表大会在德国汉堡召开(插图103)。就在大半个月前,格伦威德尔率第一次德国吐鲁番考察队于8月12日离开柏林,大谷光瑞率第一次日本大谷西域探险队于8月16日离开伦敦,此时正高调奔走在前往中国新疆的道路上。因此,新疆考古再次成为汉堡大会上最热门的话题。汉堡大会共设8个分会,历来门庭若市的第二分会"印度和伊朗研究分会"更显热闹,因为第四分会"中亚和远东研究分会"也经常主动并入,联会讨论新疆考古问题。

斯坦因参加了这次大会,并于1902年9月6日下午在第二、四分会联合会议上介绍了他的第一次中亚考察成果。斯坦因放映了一组幻灯片,演示了和阗附近的古代遗址和文物,还展示了一些文物搜集品标本,引起大会的轰动。代表

四十 "国际中亚考古学探险协会"的成立 | 297

插图 103　1902 年汉堡第 13 届国际东方学家代表大会主会场——
　　　　　汉堡音乐厅

英属印度参会的英国印度事务部秘书查尔斯·詹姆斯·李敖爵士于 12 月 6 日给印度事务部写信汇报说："9 月 6 日下午，在印度分会和中亚分会的联合会议上，斯坦因博士作了一场讲演，关于他在南疆的考古学探险旅行。斯坦因博士还放映了一些漂亮的幻灯片，展示他探访过的地方，以及考察中所发现的文物。他还展示了他从带回来的文物搜集品中挑选出的标本，以及文书写本的样本。我想我可以这么说吧，斯坦因博士的这个讲演，是本届代表大会上最有意义的、最受到欣赏的讲演之一。"

汉堡大会的最后一天，即 1902 年 9 月 10 日，经全会表决的方式，通过了一系列决议案。其中第 3 号会议案的主角是斯坦因，其主要内容如下："在汉堡召开的第 13 届国际东方学家代表大会的印度分会、中亚分会和远东分会联合提出要求，表示要向印度总督（寇松）阁下和印度政府致谢。印度总督阁下和印度政府为斯坦因博士最近在南疆进行的考察提供了必要的时间和资金，从而极大地促进了东方学的学术研究。第 13 届国际东方学家代表大会同样要感谢印度政府驻喀什噶尔的政治代表马继业先生，以及中国新疆省政府的官员潘（震）大人和韩（瑶光）大老爷。斯坦因博士在和阗周围进行的考古学、地理学考察过程中，曾得到他们非常有效的帮助。……最后，大会还冒昧地表示，希望在条件许可的时候，考古学研究应该从斯坦因博士的特殊经验和他以前的知识中受益。为了印度的利益，应该再委派斯坦因博士进行更多的考察。而他的经验和知识，很可能会使进一步的考察工作变得极为方便。"这样的决议案，目的是为斯坦因计划进行的第二次中亚考察提供舆论支持。

斯坦因在汉堡大会上大出风头，让俄国参会代表拉德洛夫、鄂登堡等人加快了布局反击的步伐。1902年9月10日，汉堡大会通过了最重要的第14号决议案。该决议案宣布，正式成立"中亚和远东历史学、考古学、语言学与民族学探险国际协会"（简称"国际中亚考古学探险协会"），并任命了俄国、法国、英国、德国、荷兰、丹麦、瑞典、挪威、芬兰、奥地利、匈牙利、瑞士、意大利、美国等14个国家的26名学者为协会的国际委员会委员，负责会后在各国组建国别委员会。该决议案还规定，"国际中亚考古学探险协会"的俄国委员会行使中央委员会职责，领导所有的国别委员会，总部设在俄国首都圣彼得堡，挂靠于俄国外交部（插图104）。

斯坦因被任命为代表英属印度的"国际中亚考古学探险协会"国际委员会委员，但他对组建英国委员会之事并不热心。当斯坦因就如何开展工作一事咨询霍恩勒的意见时，霍恩勒告诫他说："这个国际委员会简直就是（俄国）中央委员会的顾问委员会，而中央委员会清一色都是俄国人。俄国中央委员会实际上是俄国外交部的一个部门。"于是，斯坦因对

插图104 "国际中亚考古学探险协会"俄国中央委员会主席拉德洛夫(右)

俄国人领导的"国际中亚考古学探险协会"态度更加消极。在英国逢俄必反的历史大背景下，英国委员会迟迟没有成立。

1903年2月15日，俄国沙皇批准了"国际中亚考古学探险协会"俄国中央委员会的章程，任命拉德洛夫为主席，鄂登堡为副主席。随后，"国际中亚考古学探险协会"的各国委员会相继建立。德国委员会委员格伦威德尔组织的第二、三、四次德国吐鲁番考察，法国委员会主席艾米尔·塞纳组织的伯希和中亚考察，芬兰委员会主席奥托·多奈尔资助的卡尔·曼纳林中亚考察，俄国中央委员会副主席鄂登堡进行的两次中亚考察，都与"国际中亚考古学探险协会"有关（插图105）。只有斯坦因能撇开"国际中亚考古学探险协会"的控制，独立进行了他的第二、三次中亚考察。

新疆是近代中国考古学的起源地，也是近代中国文物外流的重灾区。"国际中亚考古学探险协会"的成立，宣告了近代中国考古学起源阶段的终结，也开启了近代中国文物外流的高潮期。该协会酝酿于19世纪末，成立于20世纪初，活跃于第一次世界大战前，在中国文物外流史上起到了推波助澜的作用。自该协会成立后，中国文物大规模外流的形势日益严峻，文物被盗范围也从新疆不断向东蔓延。吐鲁番文物、敦煌文物、黑城文物等具有重大历史价值和艺术价值的中国古代珍宝，陆续被劫往欧、美、日十几国的数十座博物馆中。1919年五四运动后，中国知识分子不断掀起阻止外国

插图 105 "国际中亚考古学探险协会"芬兰委员会主席多奈尔（上）、法国委员高第（下左）、美国委员夏德（下右）

人来华考古的爱国运动，至20世纪30年代开始初见成效。1949年新中国成立后，中国文物大规模外流的势头才从根本上得到遏制。

原载《团结报》2016年5月19日第8版。
有删改。